Gars, dvēsele un miesa I

Mūsu „es" noslēpumaino tieksmju vēsture.

Gars, dvēsele un miesa I

Dr. Jaerock Lee

Gars, dvēsele un miesa 1 autors – dr. Džejs Roks Lī.
Publicēts izdevniecībā „Urim Buks" (Pārstāvis: Johnny. H. Kim)
235-3, Guro – donga 3, Guro-gū, Seula, Koreja, www.urimbooks.com

Visas tiesības aizsargātas. Grāmata, daļēji vai pilnībā, nedrīkst tikt pavairota nekādā veidā, saglabāta meklētājsistēmā vai nodota tālāk jebkādā citā veidā – elektroniski, mehāniski, ar fotokopēšanu un tml., bez iepriekšējas rakstiskas izdevēja atļaujas.

Visi šajā grāmatā izmantotie Svēto Rakstu citāti, ja tas nav iepriekš minēts, ņemti no Klasiskā Bībeles tulkojuma teksta. Autortiesības aizsargātas © 1960, 1962, 1963, 1968, 1971, 1972, 1973, 1975, 1977, 1995 ar Lakmana fondu. Lietots ar atļauju.
Autortiesības © 2012, pieder dr. Džejam Rokam Lī.

ISBN: 979-11-263-1260-3 03230
Autortiesības tulkojumam uz angļu valodu © 2012. g. pieder dr. Esterei K. Čangai. Lietots ar atļauju.

Iepriekš publicēts korejiešu valodā izdevniecībā „Urim Buks" 2009. g.

Pirmoreiz publicēts 2012.g. jūlijā.

Redaktors – dr. Gimsana Vina.
Izdevniecības redakcijas biroja „Urim Buks" dizains.
Kontakta adrese, lai saņemtu vairāk informācijas: urimbook@hotmail.com

Priekšvārds

Ļaudis, kā likums, grib būt veiksmīgi, dzīvot laimīgi un pārticībā. Bet, pat esot ar naudu, varu un slavu neviens nevar izbēgt no nāves. Širs Huandī, pirmais senās Ķīnas imperators, meklēja dzīvības eliksīru, bet tā arī nevarēja izvairīties no nāves. Un starp citu, Bībele māca mums to, kā iegūt mūžīgo dzīvību. Šīs dzīvības avots sākas Jēzū Kristū.

No tā laika, kad es pieņēmu Jēzu Kristu un sāku lasīt Bībeli, es sāku lūgties par to, lai dziļāk saprastu Dieva sirdi. Dievs man atbildēja pēc septiņiem nepagurstošu lūgšanu un gavēņu gadiem. Pēc tam, kad atvēru baznīcu, pateicoties Svētā Gara vadībai, es saņēmu no Dieva izskaidrojumu par daudzām grūti saprotamām Bībeles vietām, kuras daļēji saistītas ar garu, dvēseli un miesu. Šī grāmata izlej gaismu uz daudziem cilvēka radīšanas noslēpumiem un palīdz mums labāk saprast sevi. Man ir neaprakstāms prieks, jo grāmatas lasītāji varēs uzzināt to, par ko agrāk nav bijis iespējams viņiem dzirdēt.

Kad es sludināju par garu, dvēseli un miesu, pienāca liels skaits liecību un atsauksmju, kā no Korejas, tā arī no ārzemēm. Daudzi teica, ka labāk sākuši sevi izprast, sapratuši, kas viņi bijuši, saņēmuši atbildes uz saviem jautājumiem, kuri viņiem radušies lasot Bībeli, un tāpat sapratuši, kā iegūt mūžīgo dzīvību. Daži no šiem ļaudīm saka, ka uzstādījuši sev mērķi kļūt par garīgiem cilvēkiem un, saskaņā ar rakstīto Otrajā Pētera vēstulē 1:4, pievienoties Dieva dabai: „... Viņš mums ir dāvājis dārgus un visai lielus apsolījumus, lai jums ar tiem būtu daļa pie dievišķās dabas, jums, kas esat izbēguši no tā posta, kas kārību dēļ ir pasaulē."

Cuņ Czī traktātā „Kara māksla" teikts, ka, ja jūs pazīstat sevi un savu ienaidnieku, tad jūs nezaudēsiet nevienu kauju. Grāmata „Gars, dvēsele un miesa" apgaismo neiepazītos mūsu „es" dziļumus un stāsta par ļaužu izcelšanos. Rūpīgi izzinot un saprotot šo vēstījumu, mēs varēsim saprast jebkuru cilvēku. Mēs tāpat iemācīsimies uzvarēt tumsas spēkus, kuri iedarbojas uz mums, lai dzīvotu uzvarošu kristieša dzīvi.

Es pateicos dr. Gimsanai Vinai, kura vada redakcijas biroju, un visiem šī biroja darbiniekiem par pašaizliedzību pie grāmatas izdošanas darba. Es ceru, ka jūs pievienosieties pie Dieva dabas, būsiet veiksmīgi un veseli visā, ka labi klāsies jūsu dvēselēm.

Džejs Roks Lī
2009. gada jūnijs.

Sākot ceļojumu gara, dvēseles un miesas pasaulē

„Bet pats miera Dievs lai jūs svētī visā pilnībā, un viss jūsu gars, dvēsele un miesa nevainojami tiek saglabāta mūsu Kunga Jēzus Kristus atnākšanai" (1. vēst. Tesaloniķiešiem 5:23).

Teoloģiskie strīdi par to, kas sastāda cilvēka dabu ir starp divām teorijām: divdaļīgo un trīsdaļīgo. Tie, kas aizstāv divdaļu teoriju apgalvo, ka cilvēks sastāv no divām daļām – gara un miesas, bet trīs daļu sekotāju teorija runā par trīs sastāvdaļām – garu, dvēseli un miesu. Esošā grāmata pamatojas uz trīs daļu teoriju.

Lielākā daļa visu zināšanu var attiekties, vai nu uz Dievu vai uz cilvēkiem. Priekš mums, dzīvojošiem uz šīs zemes, pats galvenais – tas ir gūt zināšanas par Dievu. Saprotot Dieva sirdi un pildot Viņa gribu, mēs varam laimīgi nodzīvot savu zemes dzīvi un iegūt mūžīgo dzīvību.

Cilvēki bija radīti pēc Dieva līdzības, un viņi nevar dzīvot bez Dieva. Bez Dieva viņiem nav skaidras saprašanas par paša izcelsmi. Mēs varam atrast atbildes uz jautājumiem par cilvēka izcelšanos tikai saprotot, Kas ir Dievs.

Pamatojoties tikai uz cilvēku zināšanām, gudrību un spēku mēs nevarēsim saprast, kas ir gars, dvēsele un miesa. Tos var izprast tikai ar Dieva palīdzību, Kas zina cilvēces rašanās sākumus. Šajā gadījumā var vilkt paralēles ar datora radītāju, kurš profesionāli izprot tā uzbūvi un darbības principus: jo viņš to ir radījis, un viņš zin, kā novērst visas nebūšanas tā darbībā. Šī grāmata piepildīta ar garīgām zināšanām, par ceturto dimensiju, un satur skaidras atbildes uz daudziem jautājumiem, kas attiecas uz garu, dvēseli un miesu.

Šī grāmata piedāvā lasītājam sekojošas nebijušas iespējas:

1. Caur garīgo izpratni par garu, dvēseli un miesu, kas ir cilvēka komponenti, lasītāji varēs izprast savu „es" un saņemt priekšstatu par pašu dzīvi.

2. Viņi pratīs nonākt pie sevis pilnīgas izpratnes, kas viņi īstenībā ir un kādu „es" viņi noformējuši. Šī grāmata rāda lasītājam ceļu uz sevis iepazīšanu un sekojot Pāvila pēdās, kurš teica: „Es mirstu ikdienas" (1. vēst. Korintiešiem 15:31), iegūt svētības, kļūt par garīgiem un Dievam tīkamiem cilvēkiem.

3. Tikai tad, kad mēs sapratīsim sevi, mēs varēsim izvairīties no lamatām, kuras mums izliek ienaidnieks – velns un sātans, un iegūt nepieciešamo spēku, lai uzvarētu tumsu. Sekojot tam, ko teicis Jēzus: „Ja raksts tos nosaucis par dieviem uz kuriem zīmējas šie Dieva vārdi, un raksti nevar tikt atcelti" (Jāņa 10:35), šī grāmata parāda lasītājam īsāko ceļu, lai kļūtu par „Dievišķās dabas līdzdalībniekiem" un saņemtu visas Dieva apsolītās svētības.

Gars, dvēsele un miesa I
Saturs

Priekšvārds

Sākot ceļojumu gara, dvēseles un miesas pasaulē

1. Daļa Miesas formēšanās

1. nodaļa	Miesas izpratne	2
2. nodaļa	Radīšana	12
3. nodaļa	Wanadamu katika Nafasi Ya Mwili	36

2. Daļa Dvēseles formēšanās
(Dvēseles funkcionēšana fiziskajā telpā)

1. nodaļa	Dvēseles formēšanās	84
2. nodaļa	Personīgais „es"	124
3. nodaļa	Miesīgās iegribas	140
4. nodaļa	Augstāk par dzīvā gara līmeni	158

3. Daļa Gara atdzimšana

1. nodaļa	Gars un gara pilnība	172
2. nodaļa	Dieva sākotnējais plāns	196
3. nodaļa	Patiesais cilvēks	206
4. nodaļa	Garīgā pasaule	222

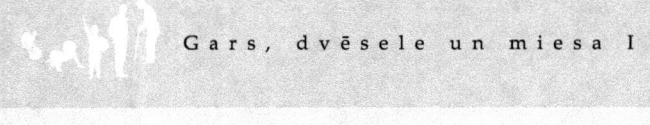
Gars, dvēsele un miesa I

1. Pirmā daļa

Miesas formēšanās

Kāda ir cilvēka izcelšanās?
No kurienes mēs esam atnākuši un kurp mēs ejam?

„Jo Tu esi radījis manas īkstis, Tu mani veidoji un piešķīri man ķermeni manas mātes miesās. Es Tev pateicos, ka es esmu tik brīnišķi radīts, brīnišķi ir Tavi darbi, mana dvēsele to labi zina. Manas būtnes veidojums Tev nebija apslēpts, kad es slepenībā tapu radīts, zemes dziļumos veidots; Tavas acis mani redzēja, kā bezmiesas iedīgli, un Tavā grāmatā bija rakstītas visas manas dienas, jau noteiktas, kad to vēl nebija nevienas" (Psalmi 139:13-16).

1. nodaļa
Miesas izpratne

Cilvēka ķermenis, kurš ar laiku atkal no jauna kļūs par pīšļu sauju; visi produkti, ko cilvēki lieto pārtikā; viss, ko ļaudis redz, dzird un ko bauda, un viss tas, ko viņi rada, - viss kalpo kā miesas piemērs.

1. Kas tas ir miesa?

2. Paliekot miesā ļaudis ir nožēlojami un viņiem pašiem nav nekādas vērtības.

3. Visam šajā visumā ir dažādas dimensijas.

4. Augstākās dimensijas pakļauj sev un kontrolē zemākās dimensijas.

Visā cilvēces vēstures gaitā ļaudis uzdevuši jautājumu; „Kas tas ir cilvēks?" Atbilde uz šo jautājumu izgaismotu daudzus citus jautājumus, tādus, kā „kāda ir mūsu dzīves jēga?", „Kā mums jānodzīvo sava dzīve?" Zinātniskie meklējumi, dažādi pētījumi un prātošanas par cilvēka izcelšanos intensīvi notiek filozofijas un reliģijas sfērā, tomēr atrast skaidru un izsmeļošu izskaidrojumu nav tik vienkārši.

Un tomēr, ļaudis uzstājīgi un pastāvīgi pūlas rast sev atbildi: „Kas tas ir par radījumu – cilvēks?" un „Kas es esmu?" Ļaudis domā par to, tādēļ ka atbildes uz šiem jautājumiem var kļūt par pamatu, lai atrisinātu fundamentālas cilvēces eksistences problēmas. Šīs pasaules zinātnes atklājumi nevar dot skaidras atbildes uz tādiem jautājumiem, bet Dievs – var. Viņš radījis visumu un visu tajā, un Viņš tāpat radījis cilvēku. Dieva atbilde – vienīgā pareizā. To mēs varam atrast Bībelē, kura ir Dieva Vārds.

Teorētiķis bieži dala to, no kā cilvēks sastāv divās daļās - „gars" un „miesa". Visus prāta darbības aspektus viņi attiecina uz „gara" kategoriju, bet visus redzamos fiziskos cilvēka komponentus sauc par „miesu". Tomēr Bībele dala cilvēku trīs sastāvdaļās: gars, dvēsele un miesa.

1. vēstulē Tesaloniķiešiem 5-23, mēs lasām:
„Bet pats miera Dievs, lai jūs svētī visā pilnībā, un jūsu gars, dvēsele un miesa nevainojami tiek saglabāti mūsu Kunga Jēzus Kristus atnākšanai."

Gars un dvēsele nav viens un tas pats. Tie atšķiras ne tikai pēc nosaukuma, bet arī pēc savas būtības. Priekš tā, lai izprastu, kas ir cilvēks, mums jāizprot, kas ir miesa, dvēsele un gars.

1. Kas tas ir miesa?

Vispirms vērsīsimies pie vārdnīcas izskaidrojuma vārdam „miesa". Vārdnīcā „Merriam - Vebster" teikts, ka miesa ir „mīkstās dzīvnieku ķermeņa daļas, tajā skaitā mugurkauls, un, daļēji, ķermeņa daļas, kuras atšķirībā no iekšējiem orgāniem, kauliem un ādas pārklāja, sastāv galvenokārt no skeleta muskulatūras." Miesa var tāpat nozīmēt arī dzīvnieka ēdamās daļas. Bet, lai saprastu bībelīgo „miesas" nozīmi, mums jāsaprot ne tik daudz šī vārda vārdnīcas skaidrojums, cik tā garīgā nozīme.

Bībele bieži izmanto vārdu „miesa" un „ķermenis." Vairumā

gadījumu tajos ielikta garīga jēga. Garīgā plānā „miesa" – tas ir kopējais termins priekš visām iznīcīgām lietām, kuras mainās un ar laiku izzūd. Uz to tāpat attiecas nešķīstais un nederīgais. Koki ar zaļajām lapām kādreiz nokaltīs un ies bojā, bet to zarus un stumbrus var izmatot kā malku. Koki, augi, kā arī viss dzīvais dabā pakļauts bojāejai un iznīcībai un pēc kāda laika visa tā vairs nebūs. Tātad, tas viss attiecas uz miesu.

Bet kā ar cilvēkiem, kuri valda pār visu radību? Zemes iedzīvotāju skaits pašlaik sastāda 7 miljardus cilvēku. Un tieši šajā mirklī kāds piedzimst un kāds nomirst. Tā notiek uz šīs zemes pastāvīgi. Ļaudīm nomirstot, viņu ķermeņi no jauna kļūst par pīšļu sauju, jo viņi tāpat ir miesa. Un arī produkti, kurus mēs ēdam, valodas, ko mēs pārvaldām, alfabēts, ar kura palīdzību mēs pierakstam savas domas, zinātnes un tehnikas sasniegumi, kas vajadzīgi cilvēkam, viss tas – tāpat miesa. Tie satrūd, mainās un iet bojā savā laikā. Tādēļ viss, ko mēs varam redzēt uz šīs zemes, un viss tas ko mēs zinām visumā ir miesa.

Ļaudis, kas attālinājušies no Dieva pārvēršas miesīgās būtnēs. Viss, ko viņi radījuši – tas ir miesa. Ko grib sasniegt un uz ko tiecas miesīgi ļaudis? Viņu vēlmes pakļautas tikai miesas iegribām, acu kārei un dzīves lepnībai. Pat civilizēts cilvēks velta attīstību tam, lai gūtu baudu saviem pieciem maņu orgāniem. Viņus pievelk izpriecas un savu miesīgo iekāru un vēlmju apmierināšana. Un, jo tālāk, jo vairāk ļaudis meklē jutekliskas un viņus uzbudinošas izpriecas. Jo vairāk attīstīta sabiedrība, jo vairāk baudas meklējoši un izvirtušāki kļūst ļaudis.

Kopā ar redzamo miesu, eksistē tāpat arī neredzamā miesa. Bībele saka, ka ienaids, strīdi, skaudība, slepkavība, iekāre un viss, kam pēc savas būtības ir sakars ar grēku, ir miesa. Tieši tāpat kā eksistē puķu aromāts, gaiss un vējš, kaut arī tie nav redzami, eksistē arī neredzamā grēcīgā daba cilvēka sirdī. Viss tas saucas par „miesu". Tādā veidā „miesa" – tas ir apvienojošais termins, visām nīcīgām lietām visumā, kuras ar laiku mainās un uz jebkuru nepatiesību, tajā skaitā grēku, ļaunumu, netaisnību un likumpārkāpumiem.

Vēstulē Romiešiem 8:8 teikts: „Miesas cilvēki nevar patikt Dievam." Ja šeit runa būtu tikai par cilvēka fizisko miesu, tad tas nozīmētu to, ka neviena cilvēciska būtne nekad nevarētu patikt Dievam. Tātad šiem vārdiem vajadzētu būt citai nozīmei.

Un, bez tam, Jāņa Evaņģēlijā 3:6, Jēzus teicis: „Kas no miesas dzimis, ir miesa, un, kas no Gara dzimis, ir gars," un tajā pat Jāņa Evaņģēlijā, 6:63 mēs lasām: „Gars dara dzīvu, miesa, neder nenieka; vārdi, ko Es jums runāju, ir gars un dzīvība." „Miesa" šeit tāpat norāda uz visu iznīcīgo, un ar laiku mainīgās lietas, kuras, kā teica Jēzus, neder nenieka.

2. Paliekot miesīgi, ļaudis ir nožēlojami un viņiem pašiem nav nekādas vērtības.

Atšķirībā no dzīvniekiem, ļaudis meklē noteiktas vērtības, pamatojoties uz savām emocijām un domām. Bet šīs vērtības nav mūžīgas, un tāpēc tāpat ir miesa. To, ko cilvēki uzskata par vērtīgu, teiksim, bagātība, slava, zināšanas, tāpat ir bezjēdzīgas lietas, tās tāpat ies bojā, tāpēc ka ir miesa. Bet kā ar jūtām, ko sauc par „mīlestību"? Diviem satiekoties, viņi bieži apgalvo, ka nevar viens bez otra dzīvot. Bet, pēc laulībām, daudzi sāk domāt citādāk. Viņus viegli nokaitināt un likt tiem vilties, viņi var izturēties agresīvi, ja tiem kaut kas nepatīk. Šīs mainīgās jūtas – arī miesa. Ja ļaudis paliek miesīgi, viņi ne ar ko neatšķiras no dzīvniekiem vai augiem. Dieva acīs viss tas – tikai miesa, kura iet bojā un izzūdīs.

1. Pētera vēsturē 1:24 teikts: „Jo visa miesa
ir kā zāle un visa viņas godība kā zāles zieds, zāle nokalst un viņas ziedi nobirst....", bet Jēkaba vēstulē 4:14, rakstīts: „jūs taču nezināt, kāda jūsu dzīve ir rītu, jo tā ir tvaiks, kas uz īsu brīdi ir redzams un tad izgaist."

Ķermeņi, ļaužu domas zaudē jēgu, kad cilvēki aiziet no Dieva Vārda, jo Dievs ir Gars. Ķēniņš Salamans izbaudīja visus pagodinājumus un varenību, kādi tikai cilvēkam bija iespējami uz šīs zemes, bet atzinis miesas bezjēdzību, viņš teica: „Ak niecību niecība!" saka mācītājs „Ak niecību niecība! Viss ir niecība! Kāds labums atlec cilvēkam no viņa pūlēm, kurām viņš nododas zem saules?" (Salamans mācītājs 1:2-3).

3. Visam šajā visumā ir dažādi mērījumi.

Lai noteiktu stāvokli telpā, fizika un matemātika pievēršas koordinātu sistēmai. Punkts uz līnijas raksturo vienu koordināti t.i. līnijai ir viens izmērs (viena dimensija). Punkts uz plakanas virsmas raksturojas divām koordinātēm t.i. plakne ir divdimensiju. Analoģiski, punkts telpā raksturojas trīs koordinātēm, tas ir- telpai ir trīs dimensijas.

Telpa, kurā mēs dzīvojam, no fizikas viedokļa ir trīsdimensiju. Fiziķi laiku uzskata par ceturto dimensiju. Tāda ir zinātniska telpas – laiku koordinātu izpratne.

Taču, attiecībā uz garu, dvēseli un miesu, dimensijas var būt sadalītas fiziskajā un garīgajā. Fizisko dimensiju savukārt var stādīties priekšā kā skalu no „ārpus dimensijām" līdz „trīsdimensiju" līmenim. Visi nedzīvie priekšmeti atrodas ārpus dimensijām. Pie šīs kategorijas attiecas akmeņi, zeme, ūdens, metāli. Bet viss dzīvais dabā pieder vai pie pirmās, vai pie otrās vai trešās dimensijas.

Pirmā dimensija apvieno visu dzīvo, kam ir elpa, bet nav funkcionālas mobilitātes, tas ir nevar pārvietoties. Šī dimensija iekļauj sevī puķes, zāli, kokus un citus augus. Tiem ir ķermenis, bet tiem nav ne dvēseles, ne gara.

Otrā dimensija iekļauj sevī dzīvas būtnes, kas spēj elpot un pārvietoties, kurām ir ķermenis un dvēsele. Tie ir dažādi dzīvnieki: lauvas, govis, aitas un tāpat putni, zivis un kukaiņi. Suņi ir spējīgi pazīt savus saimniekus un riet uz svešiem, tāpēc ka viņiem ir dvēsele.

Pie trešās dimensijas pieder viss dzīvais, kas spēj elpot, kustēties un kura acīm redzamajā ķermenī ir dvēsele un gars. Pie šīs dimensijas pieder cilvēks – visas radības valdnieks. Atšķirībā no dzīvniekiem, ļaudīm ir gars. Viņi spējīgi domāt un meklēt Dievu, viņi var ticēt Dievam.

Ir tāpat arī ceturtā dimensija, kura mūsu acīm nav redzama. Tā ir – garīgā dimensija. Dievs, kurš ir Gars, debesu karapulks, eņģeļi un ķerubi pieder pie garīgās dimensijas.

4. Augstākās dimensijas pakļauj sev un kontrolē zemākos līmeņus.

Otrā līmeņa būtnes var pakļaut sev un kontrolēt tos, kas pieder pie pirmā līmeņa. Dzīvās būtnes no trešās dimensijas var pakļaut sev un kontrolēt tos, kas pieder pie otrās, tas ir zemākās dimensijas.

Dzīvās būtnes no zemākās dimensijas nav spējīgas saprast tos, kas pieder pie augstākas dimensijas. Dzīvās būtnes no pirmās dimensijas nespēj saprast otrā līmeņa dzīvības formas, bet piederošiem pie otrās dimensijas neiespējami saprast trešo dimensiju. Pieņemsim, ka kāds cilvēks iesēj augsnē sēklas, aplej un kopj tās. Ar laiku šīs sēklas izaugs, kļūs par koku un nesīs augļus. Bet šī sēkla neapzinās, ko priekš tās ir izdarījis cilvēks. Ja cilvēks uzkāpis uz tārpa, tas nesaprot savas bojāejas iemeslu. Augstākās dimensijas var pakļaut sev un kontrolēt zemāko dimensiju dzīvās būtnes, un, skarbi runājot, zemākām dimensijām nav citas izvēles, kā būt zem augstāko dimensiju vadības.

Tieši tāpat arī ļaudis, kas attiecas pie trešā līmeņa, nesaprot garīgo pasauli, kura pieder pie ceturtās dimensijas. Tādēļ miesīgie ļaudis patiešām spiesti atrasties zem dēmonu kontroles. Bet, ja mēs atmetam miesu un kļūstam par garīgiem cilvēkiem, tad varam ieiet ceturtajā dimensijā. Tad mēs mācēsim pakļaut un uzvarēt ļaunos garus.

Dievs, Kurš ir Gars, vēlas, lai Viņa bērni iepazītu ceturtās dimensijas pasauli. Tad viņi varēs saprast Dieva gribu, paklausīt

Viņam un iegūt dzīvību. 1. Mozus grām. 1. nodaļā uzzinām, ka līdz tam, pirms Ādams ēda augli no ļauna un laba atzīšanas koka, viņš valdīja pār visu. Savā laikā Ādams bija dzīvs gars un piederēja pie ceturtās dimensijas. Bet pēc tam, kad viņš sagrēkoja viņa gars nomira. Un ne tikai pats Ādams, bet arī visi viņa pēcnācēji pieder pie trešās dimensijas. Tagad apskatīsim, kā tad cilvēki, kurus radīja Dievs, nolaidās uz trešo dimensiju, un, kā viņi var atgriezties atpakaļ ceturtās dimensijas pasaulē.

2. Nodaļa
Radīšana

Dievam Radītājam bija apbrīnojams plāns cilvēces izaudzēšanā. Viņš sadalīja Dieva plašumus fiziskajā un garīgajā telpā. Viņš radīja debesis un zemi un visu, kas ir tajās.

1. Noslēpumainā telpu sadalīšana.

2. Fiziskā telpa un garīgā telpa.

3. Ļaudis ar garu, dvēseli un miesu.

Līdz laiku sākumam Dievs eksistēja Visumā viens. Viņš bija Gaisma un pārvaldīja visu bezgalīgajā visuma telpā. Pirmajā Jāņa vēstulē 1:5, rakstīts, ka Dievs ir Gaisma. Tas, vispirms attiecas uz garīgo gaismu, bet tāpat arī uz Dievu, Kurš no iesākuma bija Gaisma.

Neviens nav devis Dievam sākumu. Viņš esošais, mūžīgais un pilnīgais. Tādēļ nav vērts pūlēties saprast Viņu, pamatojoties uz mūsu ierobežotajām iespējām un izpratni. Jāņa Evaņģēlijs 1:1, satur „iesākuma" noslēpumu. Tur teikts: „Iesākumā bija Vārds." Tas izskaidrojums attiecas uz Dieva formu, Kurš bija Vārds noslēpumainas un brīnišķas Gaismas iekšienē un pārvaldīja visu bezgalīgajā visumā.

Šeit „sākums" norāda uz kādu pirmsmūžības atskaites punktu, kuru cilvēks nespēj iedomāties. Tas ir pat pirms pasaules radīšanas „sākuma", par ko runāts 1. Mozus grām. 1:1. Tātad, kas tad notika līdz pasaules radīšanai?

1. Noslēpumainā telpu sadalīšana.

Garīgā sfēra nav tik tālu no mums. Dažādās vietās mums redzamajās debesīs ir vārti uz garīgo sfēru.

Paejot kādam neaptverami ilgam laika periodam, Dievs vēlējās iegūt kādu, ar ko Viņš varētu dalīties Savā mīlestībā un visā tajā, kas Viņam ir. Bet Dievam ir kā Dievišķīgas, tā arī cilvēcīgas īpašības, ar kurām Viņš gribēja dalīties ar vēl kādu. Viņš nevēlējās baudīt visu pilnīgā vientulībā. Sācis par to domāt, Viņš paredzēja cilvēces audzēšanas plānu. Šis plāns – radīt cilvēkus, svētīt tos, lai viņi būtu auglīgi un vairotos, iegūt daudzas dvēseles, kurām būtu Dieva līdzība un uzņemt viņus Debesu Valstībā. Tas būtu līdzīgi tam, kā fermeris izaudzē savus sējumus, novāc ražu un novieto to klētīs.

Dievs zināja, ka nepieciešama garīgā telpa, kur mājos Viņš Pats un vajadzēs fizisko telpu, kur notiks cilvēces audzēšana. Tādēļ Viņš sadalīja gigantisko visumu garīgajā sfērā un fiziskajā sfērā. Un no šī momenta Dievs sāka eksistēt kā Dievs Trīsvienība, esot Dievs Tēvs, Dievs Dēls un Dievs Svētais Gars. Tādēļ ka, lai izaudzētu cilvēku nākotnē būs vajadzīgs Glābējs Jēzus un Mierinātājs Svētais Gars.

Atklāsmes grām. 22:13, teikts: „Es esmu Alfa un Omega, Sākums un Gals, Pirmais un Pēdējais." Tas rakstīts par Dieva Trīsvienību. „Alfa un Omega norāda uz Dievu Tēvu." Kas ir sākums un gals visām zināšanām un pašai cilvēces civilizācijai.

Vārdi „Pirmais un Pēdējais" runā par Dieva Dēlu, Jēzu, Kurš ir Pirmais un Pēdējais cilvēces Glābējs. Bet vārdi „Sākums un Gals" attiecas uz Svēto Garu, Kurš ir cilvēces audzēšanas sākums un gals.

Dēls Jēzus izpilda Glābēja pienākumu. Svētais Gars liecina par Glābēju, kā Mierinātājs un piepilda cilvēces glābšanu. Bībele dažādi rāksturo Svēto Garu, salīdzinot viņu ar balodi, ar uguni un tāpat sauc Viņu par „Dieva Dēla Garu." Vēstulē Galatiešiem 4:6, teikts: „Bet, ka jūs esat bērni, to ir Dievs apliecinājis, sūtīdams Sava Dēla Garu jūsu sirdīs, kas sauc: Aba, Tēvs!" Bet Jāņa Evaņģēlijā 15:26, teikts: „Kad nu nāks Aizstāvis, ko Es jums sūtīšu no Tēva, Patiesības Gars, kas iziet no Tēva, Tas dos liecību par Mani."

Dievs Tēvs, Dēls un Svētais Gars pieņēma noteiktu Trīsvienību, lai izpildītu paredzēto cilvēces izaudzēšanu, un Viņi kopā apsprieda visus plānus. Par to rakstīts 1. Mozus grām., stāstot par pasaules radīšanu.

„Tad Dievs sacīja: „Darīsim cilvēku pēc mūsu tēla un pēc mūsu līdzības" – šie vārdi no 1. Mozus, 1:26, nenozīmē, ka cilvēkam ir tikai ārēja līdzība ar Dievu Tēvu, Dēlu un Svēto Garu. Ar to domāts, ka Dievs deva cilvēkam garu, kurš ir cilvēka pamatpazīme, un šim garam ir līdzība ar svēto Dievu.

Fiziskā telpa un garīgā telpa.

Kad Dievs eksistēja vienatnē, nebija nepieciešamības telpas dalīšanā fiziskajā un garīgajā. Bet, lai izaudzētu cilvēkus bija nepieciešama fiziskā pasaule, kurā viņi varētu dzīvot. Šī iemesla dēļ, Dievs atdalīja fizisko telpu no garīgās.

Taču fiziskās telpas atdalīšana no garīgās nenozīmē, ka tās bija pilnībā nošķirtas cita no citas, it kā sagrieztas divās daļās. Pieņemsim, piemēram, istabu, kas pildīta ar divām gāzveida vielām. Bet viena no tām izceļas uz otras fona, jo tai pievienotas krāsvielas sarkanā krāsā. Un kaut arī telpā atrodas divas gāzveida vielas, mūsu acis var redzēt tikai to, kura ir iekrāsota sarkanajā krāsā. Un kaut arī otrā gāze ir neredzama, tā tomēr neapšaubāmi ir tur.

Analoģiski tam Dievs sadalījis bezgalīgo visumu redzamajā fiziskajā un neredzamajā garīgajā pasaulē. Protams, fiziskā pasaule un garīgā pasaule izpauž sevi ne tā, kā gāzveida vielas, kuras minētas kā piemērs. Un kaut arī tās reizēm krustojas, tās tomēr eksistē atdalīti.

Kā pierādījumu tam, ka fiziskais un garīgais visums noslēpumainā veidā eksistē nošķirti, Dievs uzstādījis vārtus uz garīgo pasauli debesīs. Garīgais visums ir nevis kaut kur tur, tālumā. Ieeja tajā ir daudzās vietās redzamajās debesīs. Ja Dievs atver mūsu garīgās acis, tad dažos gadījumos mēs esam spējīgi redzēt garīgo pasauli caur šiem vārtiem.

Kad Stefans bija Svētā Gara piepildīts, viņš ieraudzīja Jēzu, stāvošu Dieva padebešos, tādēļ ka gan viņa garīgās acis, gan vārti uz garīgo pasauli tajā momentā bija atvērti (Apustuļu 55-56). Elija bija dzīvs paņemts uz debesīm. Augšāmceltais Kungs pacēlās uz Debesīm. Mozus un Elija parādījās uz Apskaidrošanas kalna. Mēs sapratīsim šo notikumu realitāti, ja atzīsim faktu, ka eksistē vārti, kas ved uz garīgo pasauli.

Visums ir neaptverami milzīgs un iespējams, bezgalīgs. Tā viņa daļa, kas redzama no zemes (apskatāmais visums), - tā ir sfēra, kuras rādiuss sastāda 46 miljonus gaismas gadu1. Ja garīgā pasaule sāktos tur, kur beidzas fiziskais visums, tad pat ar pašu ātrāko kosmisko lidaparātu palīdzību, lai nokļūtu līdz garīgajam visumam vajadzētu laiku, kas būtu praktiski bezgalīgs. Un bez tam, vai jūs varat stādīties sev priekšā to attālumu, kuru vajadzētu pārvarēt eņģeļiem, kas pārvietojas starp garīgo un fizisko plašumu. Taču pateicoties vārtu eksistencei uz garīgo telpu, kuri var būt atvērti vai aizvērti, ieiet garīgajā telpā var tik pat vienkārši, kā caur atvērtām durvīm.

Dievs radīja četras Debesis.

Pēc visuma sadalīšanas garīgajā un fiziskajā telpā, Dievs sadalīja to uz debesīm, kuras atbilst noteiktām vajadzībām. Bībele raksta ne tikai par vienām debesīm, bet par vairākām debesīm.

---

1 Linivivers Čarlzs, Tamāra M. Devisa (2005). „Nepareizais priekšstats par Lielo sprādzienu." Žurnāls „Scientific American" no 2007 – 03 – 05.

Tas, patiesībā, saka mums par to, ka ir citas debesis, izņemot tās, kuras mēs redzam ar savām fiziskajām acīm.

5 Mozus, 10:14, mēs lasām: „Redzi, vienīgi Tam Kungam pieder debesis un debesu debesis, zeme un viss, kas uz tās ir"; Psalmos 67:34, tāpat rakstīts: „... brauc pa debesu debesīm, kas ir no pasaules sākuma! Redzi, pērkona dārdos Viņš vareni liek atskanēt Savai balsij." Bet ķēniņš Salamans, Pirmā Ķēniņa grām. 8:27 teicis: „Bet vai tad Dievs patiešām, lai dzīvotu zemes virsū? Lūk, debesis un debesu debesis nav spējīgas Tevi pilnā mērā uzņemt. Kā tad nu vēl šis nams, kādu es esmu uzcēlis."

Dievs izmantojis vārdu „debesis" runājot par garīgo telpu, lai mums būtu vieglāk saprast, ka šī telpa saistīta ar garīgo pasauli. Debesis galvenokārt var sadalīt četros līmeņos. Pirmās debesis, iekļauj sevī pilnībā visu fizisko telpu, tas ir Zemi, saules sistēmu, mūsu galaktiku un visu visumu.

Garīgā telpa sākas ar otrajām debesīm. Ēdenes dārzs un tā vieta, kur mājo ļaunie gari, ir izvietota otrajās debesīs. Pēc tam, kad Dievs radīja cilvēkus, Viņš tāpat radīja Ēdenes dārzu, kura ir gaismas vieta otrajās debesīs. Dievs ielika cilvēku Ēdenes dārzā, lai „pilnveidotu viņu un pasargātu" (1. Mozus 2:15).

Dieva tronis atrodas trešajās debesīs. Tā ir Debesu Valstība, kur dzīvos Dieva bērni, kuri cilvēces veidošanas rezultātā saņems glābšanu.

Ceturtās debesis – tās ir sākotnējās debesis, kur Dievs vēl pirms telpu sadalīšanas mājoja Viens, Gaismas veidolā. Tā tad arī ir tā noslēpumainā telpa, kur piepildās tas, ko Dievs iecerējis savās domās. Un vēl: tā ir telpa, kurai nav nekādu ierobežojumu ne laikā, ne telpā.

2. Fiziskā telpa un garīgā telpa.

Kāpēc daudzi Bībeles pētnieki pūlējās atrast Ēdenes dārzu, bet tā arī to nevarēja? Tādēļ, ka Ēdenes dārzs izvietots otrajās debesīs, kuras pieder pie garīgās telpas.

Dievs sadalījis telpu fiziskajā un garīgajā. Priekš Saviem bērniem, kurus viņš iegūs cilvēces audzēšanas periodā, Dievs radījis Debesu Valstību trešajās debesīs, un Viņš iekārtojis Zemi pirmajās debesīs, kā vietu, kur notiks cilvēces izaudzēšana.

1. Mozus grāmatā šis Dieva radīšanas
process ir īsumā aprakstīts, tas aizņēma sešas dienas. Dievs neradīja Zemi par vietu, kur valda pilnība jau no paša sākuma. Dievs ielika zemes un debesu pamatus pateicoties zemes virsmas kustībai un daudzām meteoroloģiskām parādībām. Ilga laika periodā Dievs pielika daudz pūļu un bija tā, ka Viņš pat nolaidās uz Zemi personīgi, lai paskatītos, kā notiek darbi uz Zemes, kur Viņš gatavojās izaudzināt Savus mīļotos, patiesos bērnus.

Dīglis droši attīstās mātes klēpja augļūdeņos.

Līdzīgā veidā (pēc tam, kad Zeme bija noformēta un bija ielikti tās pamati) visa Zeme bija pārklāta ar lielu ūdens daudzumu, un šis ūdens bija dzīvības ūdens, kura sākums bija trešajās debesīs. Un beidzot Zeme, pārklāta ar dzīvības ūdeni, bija gatava tam, lai uz tās sāktu attīstīties viss dzīvais. Pēc tā Dievs sāka radīšanas procesu.

Fiziskā telpa kā cilvēces audzēšanas vieta.

Pirmajā radīšanas dienā, kad Dievs teica: „Lai top Gaisma", Zemi pārklāja garīgā gaisma, kas nāca no Dieva Troņa. Caur šo gaismu mūžīgais spēks un Dievišķā daba bija ielikta visā redzamajā radībā, un visa radība sāka pakļauties dabas likumiem (Vēst. Romiešiem 1:20).

Dievs atdalīja gaismu no tumsas un nosauca gaismu par „dienu", bet tumsu Viņš nosauca par „nakti". Dievs noteica likumu, ka būs diena un būs nakts un laika tecējums, vēl pirms tam, kad Viņš radīja sauli un mēnesi.

Otrajā dienā Dievs radīja cietzemi un sadalīja ūdeņus, kas pārklāj zemi, uz ūdeņiem zem izplatījuma un ūdeņiem virs izplatījuma Dievs nosauca šo izplatījumu par debesīm, un tā ir mūsu acīm redzamā debess. Tā bija radīta bāze apkārtējai videi, kura varēja uzturēt dzīvību uz zemes. Dievs radīja gaisu, lai viss dzīvais varētu elpot; mākoņus un debesis, kur notiek dažādas atmosfēras darbības.

Ūdens zem izplatījuma – tie ir ūdeņi, kuri pārklāj Zemes virsmu. Tas ir tas ūdens avots, no kura formēsies okeāni, jūras, ezeri un upes (1. Mozus 1:9-10).

Ūdeņi virs izplatījuma bija rezervēti Ēdenei otrajās debesīs. Trešajā dienā Dievs savāca ūdeņus, kuri bija zem debess, vienā vietā, lai atdalītu jūru no sauszemes. Viņš radīja tāpat zāli un kokus, kas nes augļus.

Ceturtajā dienā Dievs radīja sauli, mēnesi un zvaigznes un ļāva tām spīdēt dienā un naktī. Piektajā dienā Viņš radīja zivis un putnus. Un, beidzot, sestajā dienā Dievs radīja visus dzīvniekus un cilvēku.

Neredzamā garīgā telpa.

Ēdenes dārzs atrodas garīgajā telpā otrajās debesīs, kuras atšķiras no garīgās trešo debesu telpas. Otrās debesis nav pilnībā garīgā telpa, jo tās saskaras ar fizisko pasauli. Vienkāršāk runājot, tās ir kā starpposma stadija starp miesu un garu. Pēc tam, kad Dievs radīja cilvēku ar dzīvu dvēseli, Viņš iestādīja dārzu austrumos, Ēdenē un ielika cilvēku šajā dārzā (1. Mozus 2:8).

Dotajā gadījumā, ar vārdu „austrumi" domāta ne fiziskās pasaules austrumu puse. Tam ir īpaša jēga, kā gaismas apņemtai vietai. Līdz šim daudzi Bībeles pētnieki uzskatīja, ka Ēdenes dārzs atrodas kaut kur starp Eifratas un Tigras upēm, bet kaut arī viņi rīkojuši tur intensīvus izmeklējumus un arheoloģiskos izrakumus, viņi nav varējuši tur atrast Ēdenes dārza pēdas. Iemesls tam, ka dārzs, kurā kādreiz mājoja dzīvais gars, Ādams, atrodas otrajās debesīs, kuras ir garīgā telpa.

Mums grūti pat iedomāties, cik plašs ir Ēdenes dārzs. Bērni, kas dzimuši Ādamam pirms grēkā krišanas, līdz pat šim laikam tur dzīvo, un viņiem turpina dzimt bērni. Ēdenes dārzs nav ierobežots telpā un tas nekad, lai arī cik laika nepaietu, nebūs pārapdzīvots.

Bet 1. Mozus grāmatā 3:24, mēs varam lasīt, ka Dievs nolika Ēdenes dārza austrumos ķerubu ar atvēzta zobena liesmu.

Tas tika darīts tādēļ, ka Ēdenes dārzs austrumos robežojas ar tumsas teritoriju. Dažu iemeslu dēļ, ļaunie gari pastāvīgi gribēja iekļūt dārzā. Pirmkārt, viņi gribēja pievilt Ādamu, un, otrkārt, viņi gribēja iegūt augli no dzīvības koka. Viņi vēlējās, apēdot šo augli, iegūt mūžīgo dzīvību un mūžīgi naidoties ar Dievu. Ādama pienākums bija aizsargāt Ēdenes dārzu no tumsas spēkiem. Bet tā kā sātans ar viltu iekārdināja Ādamu ēst no ļauna un laba atzīšanas koka, un Ādams bija izdzīts uz zemi, tad viņa pienākums bija uzlikts ķerubam ar liesmojošo zobenu.

Mēs varam secināt, ka gaismas teritorija, kur izvietots Ēdenes dārzs, un tumsas teritorija priekš ļaunajiem gariem, eksistē otrajās debesīs. Un vēl, gaismas teritorijā otrajās debesīs ir vieta, kur ticīgajiem būs Septiņu gadu kāzu mielasts ar Kungu pēc Viņa Otrās Atnākšanas. Tā ir daudz skaistāka vieta, nekā Ēdenes dārzs. Visi izglābtie, kopš pasaules radīšanas laika piedalīsies tajā, tādēļ, vai varat aptvert, cik milzīga šī teritorija.

Garīgajā telpā tāpat eksistē trešās un ceturtās debesis un sīkāk par to runāsim otrajā grāmatas „Gars, dvēsele un miesa" daļā. Iemesls, kura dēļ Dievs atdalījis fizisko telpu no garīgās un sadalījis to daudzās dažādās telpās, beigu beigās slēpjas cilvēkos. Tas bija izdarīts saskaņā ar paredzēto cilvēces izaudzēšanu, lai iegūtu patiesus bērnus. Tātad, no kā tad sastāv cilvēks?

3. Ļaudis ar garu, dvēseli un miesu.

Cilvēces vēsture, kas aprakstīta Bībelē, sākas ar laiku, pēc Ādama grēkā krišanas, kura dēļ viņš bija izdzīts uz zemi. Šī vēsture neatspoguļo Ādama dzīves periodu Ēdenes dārzā.

1) Ādams – dzīvs gars.

Saprast pirmo cilvēku Ādamu, nozīmē sākt
saprast fundamentālos cilvēka pamatus. Dievs radīja Ādamu kā dzīvu garu, lai izaudzētu cilvēci. 1. Mozus grām. 2:7, stāstīts par Ādama radīšanu: „Un Dievs tas Kungs izveidoja cilvēku no zemes un iedvesa viņa nāsīs dzīvības dvašu, tā cilvēks kļuva par dzīvu būtni."

Zemes pīšļi – tas ir tas materiāls, kuru Dievs lietoja, lai radītu Ādamu. Tādēļ ka ļaudīm bija paredzēts tieši uz zemes iziet cilvēces pilnveidošanu (1. Mozus 3:23).

Un vēl tādēļ, ka augsne, tas ir zemes pīšļi, maina savas īpašības atkarībā no tajā pievienotajiem elementiem.

Dievs radīja no zemes pīšļiem ne tikai cilvēka formu, bet tāpat arī viņa iekšējos orgānus, kaulus, vēnas un nervus. Labs podnieks no augstas kvalitātes māla pikas varētu izveidot vērtīgu porcelāna izstrādājumu. Tā kā Dievs radīja cilvēku pēc Sava veidola, tad, cik gan brīnišķam vajadzēja būt cilvēkam!

Ādama āda bija tīra un pienbalta. Viņš bija spēcīgas miesasbūves, viss viņā – katrs viņa orgāns un katra viņa ķermeņa šūna, no galvas līdz kājām – bija pilnīga. Viņš bija skaists. Dievs iepūta Ādamā dzīvības dvašu, un viņš kļuva par dzīvu radījumu, tas ir dzīvu garu. Šis process līdzīgs labi saliktai lampai, kura nevar spīdēt pati no sevis. Tā dos gaismu tikai tad, ja to pieslēgs elektrotīklam. Ādama sirds sāka sisties, viņa asinis sāka cirkulēt, un visi orgāni un šūnas sāka funkcionēt tikai pēc tam, kad viņš saņēma dzīvības elpu no Dieva. Viņa smadzenes sāka funkcionēt, acis redzēt, ausis dzirdēt un viņa ķermenis sāka kustēties saskaņā ar viņa gribu, tiklīdz viņš bija saņēmis dzīvības elpu.

Dzīvības elpa – tas ir Dievs spēka kristāls. Vēl to var nosaukt par Dieva enerģiju. Tas būtībā, spēka avots, kas nepieciešams, lai turpinātu dzīvi. Pēc tam, kad Dievs iedvesa Ādamā dzīvības elpu, Ādama gars ieguva formu, tas izskatījās tieši tāpat kā viņa ķermenis. Līdzīgi tam, kā Ādama fiziskajam ķermenim bija forma, arī viņa gars ieguva formu, kura bija absolūti analoģiska viņa ķermeņa formai. Sīkāk par gara formu būs runa otrajā šīs grāmatas daļā.

Ādama ķermenis, kurš tagad bija kļuvis par dzīvu garu, sastāvēja no neiznīcīga ķermeņa – miesas un kauliem. Ķermenī bija gars, kurš sazinājās ar Dievu un dvēsele, kura palīdzēja garam. Dvēsele un miesa pakļāvās garam, un tādā veidā Ādams glabāja Dieva Vārdu un sazinājās ar Dievu, kurš ir Gars.

Ādams bija radīts ar pieauguša cilvēka ķermeni, bet viņam nebija nekādu zināšanu. Tieši tāpat, kā mācību procesā formējas bērna personība, kurš varēs kļūt par sabiedrībai derīgu locekli, Ādamam bija nepieciešams saņemt atbilstošas zināšanas. Tādēļ, pēc tam, kad Dievs viņu bija ievietojis Ēdenes dārzā, Viņš sāka mācīt Ādamam patiesās un garīgās zināšanas. Dievs stāstīja viņam par visuma uzbūves harmoniju, par garīgās pasaules likumiem, par patiesības Vārdu un par Dieva neierobežotām zināšanām. Lūk, kādēļ Ādams varēja sev pakļaut zemi un valdīt pār visu.

Dzīve, kas ilga neizmērojami ilgu laiku.

Ādams, dzīvs gars, ar garīgajām zināšanām un gudrību, pārvaldīja Ēdenes dārzu un Zemi, kā visas radības kungs. Tad Dievs nolēma, ka nav labi cilvēkam būt vienam, un ņēma vienu no viņa ribām un radīja viņam sievieti – Ievu. Dievs radīja viņu kā palīgu, kas atbilstu viņam, un ļāva viņiem kļūt par vienu miesu. Un tagad paceļas jautājums: cik gan ilgi viņi dzīvoja Ēdenes dārzā?

Bībele nerunā precīzi par termiņiem, taču viņi, acīmredzams, ka dzīvoja tur diezgan ilgu laiku. 1. Mozus grām, 3:16 teikts: „Sievai Viņš sacīja: "Vairodams Es vairošu tavus grūtumus un tavas nopūtas, kad tu kļūsi māte. Sāpēs tev būs bērnus dzemdēt, un tava iegriba būs pēc tava vīra, bet viņam būs valdīt pār tevi."

Grēka rezultātā, ko izdarīja Ieva, pār viņu nāca lāsts, un tad vairojās viņas sāpes pie bērnu dzemdēšanas. Citiem vārdiem, līdz tam laikam, pirms viņa bija nolādēta, viņa dzemdēja bērnus Ēdenes dārzā, bet pie tam viņas sāpes dzemdējot bija minimālas. Ādams un Ieva bija dzīvi gari, kuri nenovecoja. Tādēļ viņi dzīvoja ilgi, un visu to laiku viņiem dzima bērni.

Daudzi ļaudis domā, ka Ādams apēda augli no laba un ļauna atzīšanas koka drīzumā pēc tam, kad bija radīts. Daži pat uzdod tāda veida jautājumus: „Ja cilvēces vēsture, kas aprakstīta Bībelē skaitās 6000 gadu, tad no kurienes gan rodas izrakumi, kuriem simtiem tūkstošu gadu?"

Bībele sāk aprakstīt cilvēces vēsturi no tā laika, kad Ādams bija izdzīts uz zemes, pēc grēkā krišanas. Tajā aprakstā nav iekļauts laiks, ko viņš nodzīvoja Ēdenes dārzā. Laikā, kad Ādams dzīvoja Ēdenes dārzā, uz zemes norisinājās dažādi procesi, tajā skaitā zemes virsmas kustības un tās ģeogrāfiskās pārmaiņas, un tāpat dažādu dzīvo būtņu parādīšanās un izzušana. Dažas atliekas no tiem saglabājušās līdz mūsu dienām, tādēļ arheologi atrod izrakteņus, kuru vecums skaitāms miljonos gadu.

2) Ādams izdarīja grēku.

Kad Dievs ielika Ādamu Ēdenes dārzā, Viņš aizliedza viņam tikai vienu lietu. Viņš neatļāva Ādamam ēst no laba un ļauna atzīšanas koka. Bet pagāja daudz laika, un beigu beigās Ādams un Ieva iekoda auglī no šī koka. Viņi bija izdzīti no Ēdenes dārza uz zemi, un no šī momenta sākās cilvēces audzēšana.

Kas noveda Ādamu pie grēkā krišanas? Bija radījums, kas gribēja pārņemt varu, ko Dievs bija devis Ādamam. Tas bija Lucifers – visu ļauno garu pavēlnieks. Lucifers domāja, ka saņēmis Ādama pilnvaras, tas sacelsies pret Dievu un uzvarēs kaujā. Viņš rūpīgi izstrādāja plānu un priekš tā izpildes izmantoja viltīgo čūsku.

1. Mozus grāmatā 3:1, teikts: „Bet čūska bija
visviltīgākā no visiem lauka zvēriem, ko Dievs tas Kungs bija radījis...". Čūska bija radīta no māla, kurā bija ielikta tāda īpašība kā viltība.

Čūskā pašā iespēja pieņemt viltību bija lielāka, kā citiem dzīvniekiem. Šī īpašība viņā bija ļauno garu izprovocēta, un čūska kļuva viņu instruments cilvēka pavedināšanā.

Ļaunie gari pastāvīgi pavedināja ļaudis.

Tajā laikā Ādamam bija tāda liela vara, ka viņš pārvaldīja Ēdenes dārzu un Zemi, tādēļ čūskai nebija vienkārši pievilt pašu

Ādamu. Lūk, kādēļ viņa nolēma vispirms pievilt Ievu. Čūskas jautājums bija ļoti kārdinošs: „Vai Dievs tas Kungs tiešām jums būtu aizliedzis ēst no visiem dārza kokiem?" (1. Mozus 3:1). Dievs nekad nedeva Ievai nekādas pavēles. Rīkojumi bija doti Ādamam. Bet čūska uzprasīja tā, it kā Dievs būtu devis rīkojumu pašai Ievai. Un Ievas atbilde bija tāda: „Sieva teica čūskai: „Mums ir atļauts ēst no visiem dārza koku augļiem. Bet par tā koka augļiem, kas ir dārza vidū, Dievs teicis: no tiem jums nebūs ēst, nedz tos aiztikt, citādi jūs mirsiet." (1. Mozus 3:2-3).

Dievs teica: „Bet no laba un ļauna atzīšanas koka tev nebūs ēst, jo tai dienā, kad tu ēdīsi no tā, tu mirdams mirsi"(1. Mozus 2:17). Bet Ieva saka: „Citādi jūs mirsiet." Jums varbūt liksies, ka atšķirība neliela, bet tas pierāda, ka viņa nav Dieva Vārdu sapratusi precīzi. Tikko čūska pamanīja, ka Ieva izmainījusi Dieva Vārdu, tā sāka viņu kārdināt vēl uzstājīgāk.

1. Mozus 3:4-5, teikts: „Tad čūska teica
sievai: „Jūs nemirsit viss, bet Dievs zina, ka tanī dienā, kad jūs no tiem ēdīsiet, jūsu acis atvērsies un jūs būsiet kā Dievs, zinādami, kas labs un kas ļauns."

Sātans mudināja čūsku ielikt Ievas apziņā šo vēlēšanos, un viņas skatījums uz laba un ļauna atzīšanas koku mainījās, un viņa ievēroja, „ka koks ir labs, lai no tā ēstu, un ka tas acīm jo tīkams un iekārojams, to uzskatot un viņa ņēma no koka, un ēda un deva arī savam vīram, kas bija pie viņas, un tas arī ēda" (6p).

Ievai nekad nebija nodoma iet pret Dieva Vārdu, bet tā kā viņā radās šī vēlme, viņa galu galā, iekoda šī koka auglī. Viņa deva to savam vīram, Ādamam, un viņš arī ēda to.

Ādama un Ievas taisnošanās.

1. Mozus 3:11, Dievs saka Ādamam: „Kas tev ir sacījis, ka tu esi kails? Tu taču nebūsi ēdis no koka, no kura Es tev aizliedzu ēst?"

Dievs zināja visu situāciju, bet Viņš gribēja, lai Ādams atzītu savu vainu un to nožēlotu. Bet Ādams atbildēja: „Sieva, ko Tu man devi, lai viņa būtu ar mani, tā man deva no tā koka, un es ēdu" (12p). Ādams liek saprast, ka, ja Dievs nebūtu viņam devis sievu, tad viņš neko tādu nebūtu izdarījis. Tā vietā, lai atzītu savu kļūdu, viņš gribēja izbēgt no šīs situācijas sekām. Protams, augli Ādamam iedeva Ieva. Bet Ādams bija savas sievas galva, tādēļ viņam bija jāuzņemas atbildība par to, kas noticis.

Tad Dievs jautāja sievietei: „Ko tu esi izdarījusi?" (1. Mozus 3:13). Un kaut arī atbildība gūlās uz Ādamu, tas nenozīmēja, ka Ieva nav sagrēkojusi. Bet viņa sāka apvainot čūsku sakot: „Čūska mani pievīla, un es ēdu." Kas tad notika ar Ādamu un Ievu, kuri veica šo grēku?

Ādama gars nomira.

1. Mozus 2:17, teikts: „Bet no laba un ļauna

atzīšanas koka tev nebūs ēst, jo tad tai dienā, kad tu ēdīsi no tā, tu mirdams mirsi."

Šeit nāve, par kuru runā Dievs nav fiziska nāve, bet garīga. Gara nāve nenozīmē, ka gars pilnībā pazūd. Tas nozīmē, ka sadraudzība ar Dievu ir pārtraukta, un gars vairs nevar funkcionēt. Gars vēl joprojām eksistē, bet Dievs nevar to vairāk piepildīt ar garīgām zināšanām. Tāda situācija ne ar ko neatšķiras no nāves.

Tā kā Ādama un Ievas gars bija miris, tad Dievs nevarēja atļaut viņiem palikt Ēdenes dārzā, kurš atrodas garīgajā pasaulē. 1. Mozus 3:22-23, teikts: „Un Dievs tas Kungs sacīja: Lūk, cilvēks ir kļuvis kā kāds no mums, zinādams, kas labs un ļauns! Bet ka tas tagad neizstiepj savu roku, un neņem arī no dzīvības koka, un neēd, un nekļūst mūžīgs, un nedzīvo mūžīgi! Tā Dievs tas Kungs izraidīja viņu no Ēdenes dārza, lai tas apstrādātu zemi, no kuras tas pats bija ņemts."

Dievs sacīja: „Ādams kļuvis kā viens no Mums," bet tas nenozīmē, ka Ādams patiešām kļuva kā Dievs. Tas nozīmē, ka Ādams, iepriekš zinājis tikai patiesību, tagad, kā Dievs, kas zina gan patiesību, gan nepatiesību, arī iepazinis nepatiesību. Un, tā rezultātā Ādams, kurš kādreiz bija dzīvs gars, no jauna kļuva miesa. Viņam vajadzēja pārdzīvot nāvi. Viņam vajadzēja atgriezties uz šo zemi, kur viņš bija Dieva radīts. Miesīgs cilvēks nevar dzīvot garīgā telpā. Vēl vairāk, ja Ādams ēstu no dzīvības koka, tad dzīvotu mūžīgi. Tādēļ Dievs nevarēja ilgāk paturēt viņu Ēdenes dārzā.

3) Atgriešanās fiziskajā telpā.

Pēc tam, kad Ādams nepaklausīja Dievam un ēda no laba un ļauna atzīšanas koka, viss izmainījās. Viņš bija izsūtīts uz zemi, uz fizisko telpu un sāka gādāt sev maizi sava vaiga sviedros. Viss apkārt arī bija nolādēts, un labvēlīgā apkārtējā vide no Dievišķiem radīšanas laikiem vairāk neeksistēja.

1. Mozus 3:17, mēs lasām: „Un cilvēkam
Viņš sacīja: „Tā kā tu esi klausījis savas sievas balsij un esi ēdis no šī koka, par kuru es tev pavēlēju, sacīdams; tev nebūs no tā ēst, - lai zeme ir nolādēta tevis dēļ; tev, smagi strādājot, būs maizi ēst visas sava mūža dienas."

No šī panta kļūst skaidrs, ka Ādama grēkā krišanas sekas saņēma ne tikai pats Ādams, bet arī visa zeme, precīzāk, visas pirmās debesis bija nolādētas. Līdz tam viss uz zemes eksistēja brīnišķīgā harmonijā, taču tagad bija noteikti citi fiziskās kārtības likumi. Lāsta dēļ parādījās mikrobi un vīrusi, bet dzīvnieku un augu pasaule sāka mainīties.

1. Mozus 3:18, Dievs teica Ādamam:
„Ērkšķus un dadžus, lai tā tev dod, no lauka augiem tev būs pārtikt."

Dadži un ērkšķi neļauj iegūt labu ražu, tādēļ Ādams varēja iegūt sev ēdamo tikai ar grūtu darbu. Tā kā zeme bija nolādēta, uz tās sāka augt nevajadzīgi koki un augi. Tāpat parādījās kaitīgie kukaiņi. Tādēļ Ādamam vajadzēja to visu novērst, kas bija kaitīgs zemei, un apstrādāt to, lai tā kļūtu par labu lauku.

Nepieciešamība pilnveidot sirdi.

Līdzīgi tam, kā Ādamam vajadzēja apstrādāt zemi, cilvēkam uz šīs zemes vajadzēja iziet caur pilnveidošanās procesu. Pirms cilvēka sagrēkošanas viņa tīrajā un nesamaitātajā sirdī bija tikai garīgās zināšanas. 1. Mozus 3:23, teikts: „Tā Dievs Tas Kungs izraidīja viņu no Ēdenes dārza, lai viņš apstrādātu zemi, no kuras viņš tika ņemts."

Šajā pantā, Ādams, kurš bija radīts no zemes pīšļiem, tiek pielīdzināts zemei, no kuras viņš bija ņemts. Un tas nozīmē, ka tagad viņam jāapstrādā arī sava sirds.

Līdz grēkā krišanai Ādamam nevajadzēja pārveidot savu sirdi, jo viņa sirdī nebija nekāda ļaunuma. Bet pēc viņa nepaklausības, ienaidnieks, velns un sātans, sāka kontrolēt cilvēku. Viņš iedēstīja cilvēka sirdī aizvien vairāk un vairāk miesīgas iegribas. Viņš iesēja viņā ienaidu, ļaunumu, lepnību, iekāri utt. Miesa arvien vairāk un vairāk apgānīja cilvēkus.

Sakopt zemi no kuras mēs esam ņemti nozīmē, ka mums jāpieņem Jēzu Kristu, mums jālieto Dieva Vārds, lai atbrīvotos no miesas, kura iedēstīta mūsu sirdī, un mums jāatjauno savs garīgās būtnes status. Pretējā gadījumā, mēs paliekam ar „mirušu garu", bet esot ar mirušu garu, mēs nevarēsim, nebaudīsim mūžīgo dzīvību. Cilvēka pilnveidošanas mērķis uz šīs zemes ir tajā, lai pārveidotu mūsu miesīgās sirdis un, lai radītu tīru, garīgu sirdi. Tas ir tādu pat sirdi, kāda bija Ādamam līdz viņa grēkā krišanai.

Ādama izdzīšana no Ēdenes dārza uz zemi bija par iemeslu dramatiskām izmaiņām viņa dzīvē. Tas radīja daudz lielākas bēdas un satraukumu, kā, ja princim no varenas lielvalsts pēkšņi nāktos kļūt par vienkāršu zemnieku. Ievai tagad tāpat bija jācieš daudz vairāk moku pie dzemdībām.

Ēdenes dārzā, kur viņi dzīvoja, nebija nāves. Bet tagad dzīvojot šajā fiziskajā pasaulē, kura trūd un iet bojā, viņi nevarēja izvairīties no nāves. 1. Mozus 3:19, teikts: „Sava vaiga sviedros tev būs maizi ēst, līdz kamēr tu atkal atgriezies pie zemes, jo no tās tu esi ņemts; jo tu esi pīšļi, un pie pīšļiem tev atkal būs atgriezties." Tas ir, tagad viņiem vajadzēs nomirt.

Protams Ādamam gars bija Dieva dots, un viņš nekad nevarēs pilnībā izzust. 1. Mozus 2:7, teikts: „Un Dievs Tas Kungs radīja cilvēku no zemes pīšļiem un iedvesa viņa nāsīs dzīvības dvašu; tā cilvēks tapa par dzīvu dvēseli." Šajā dzīvības dvašā ielikta mūžīgā Dieva būtība.

Taču Ādama gars pārstāja būt aktīvs. Tādēļ viņa dvēsele uzņēmās uz sevi cilvēka saimnieka funkciju un sāka vadīt viņa ķermeni. No tā laika Ādams sāka novecot, un beigu beigās, pēc fiziskās pasaules likumiem, viņam vajadzēja sastapt nāvi. Tas ir atgriezties zemē.

Tajā laikā, lai arī zeme bija nolādēta, grēks un ļaunums tik ļoti nedominēja, kā šodien, un Ādams nodzīvoja līdz 930 gadiem (1. Mozus 5:5).

Bet laiks gāja, un ļaudis kļuva arvien vairāk un vairāk samaitāti. Rezultātā saīsinājās arī viņu dzīves ilgums. Pēc izdzīšanas no Ēdenes dārza, viņi nonāca uz šīs zemes, un viņiem vajadzēja piemēroties pie jaunās apkārtējās vides. Pats galvenais, tagad viņiem vajadzēja dzīvot ne kā dzīviem gariem, bet kā miesīgiem ļaudīm. Viņi pastrādāja, piekusa un juta vajadzību pēc atpūtas. Viņi sāka slimot. Mainījās viņu barības pārstrādes sistēma, jo izmainījās viņu ēdiena barības deva. Lai pārstrādātu apēsto, bija vajadzīga kuņģa zarnu trakta darbība. Viss mainījās. Ādama nepaklausība – tas ne tuvu nebija nenozīmīgs pārkāpums. Viņa grēks iekļuva visā cilvēku dzimtā. Ādams un Ieva, un tāpat viņu pēcnācēji uz šīs zemes sāka savu fizisko dzīvi, esot ar mirušu garu.

3. Nodaļa
Ļaudis fiziskajā pasaulē

Miesa – tā ir cilvēka daba kopā ar grēku, tā arī mudina ļaudis, kas dzīvo fiziskajā telpā, darīt grēku. Tomēr Dievs deva cilvēka sirdī dzīvības sēklu, un pateicoties šai dzīvības sēklai kļuva iespējams pilnveidot cilvēci.

1. Dzīvības sēkla.

2. Kā rodas cilvēks.

3. Sirdsapziņa.

4. Miesas darbi.

5. Pilnveidošana.

Dzīvojot uz šīs zemes Ādamam un Ievai dzima daudz bērni. Lai arī viņu gars bija miris, Dievs tomēr neatstāja tos. Viņš apmācīja tos visam, kas viņiem bija nepieciešams zemes dzīvei. Ādams apmācīja savus bērnus patiesībai, tādēļ Kains un Ābels labi zināja, kā pienest ziedojumus Dievam.

Pienāca laiks, kad Kains pienesa Kungam ziedojumu no zemes augļiem, bet Ābels pienesa ziedojumu ar asins izliešanu, kā patika Dievam. Kad Dievs pieņēma tikai Ābela ziedojumu, Kains, tā vietā, lai atzītu savu vainu un to nožēlotu, aiz skaudības Ābelu nogalināja.

Ar laiku grēks tikai vairojās. Bet Noasa laikā zeme bija tik pārpilna ar ļaužu ļaunajiem darbiem, ka Dievs rezultātā sodīja visu pasauli, pārklājot zemi ar plūdiem. Bet Dievs atļāva Noasam un trim viņa dēliem sākt pilnīgi jaunu dzimumu. Un tā, kas tad notika ar cilvēku dzimumu, kas apdzīvoja šo zemi?

1. Dzīvības sēkla.

Pēc Ādama sagrēkošanas pārtrūka viņa saikne ar Dievu. Viņa garīgā enerģija pakāpeniski izsīka, bet miesīgā enerģija, kura viņu piepildīja, sāka pārklāt viņā esošo dzīvības sēklu.

Dievs radīja Ādamu no zemes pīšļiem. Ivritā vārds „zeme" skan kā „adama", tas ir cilvēks bija tā nosaukts tādēļ, ka viņš bija radīts no zemes pīšļiem. Dievs iedeva mālam cilvēka formu un „iepūta viņa nāsīs dzīvības dvašu." Jesajas grāmatā arī teikts, ka cilvēks radīts no māliem.

Pravieša Jesajas grām. 64:8, rakstīts: „Bet, ak, Kungs, Tu taču esi mūsu Tēvs! Mēs esam māls, bet Tu mūsu veidotājs, mēs visi esam Tavu roku darbs."

Drīzumā pēc šīs baznīcas atvēršanas, Dievs parādīja man redzējumā, kā Viņš radīja Ādamu no māla. Materiāls, kuru Dievs izmantoja bija augsne, sajaukta ar ūdeni, kas arī ir pēc būtības māls. Šajā gadījumā ūdens norāda uz Dieva Vārdu (Jāņa 4:14). Kā tikai no zemes ar ūdeni izveidotajā formā iegāja dzīvības elpa, asinis, kas ir dzīvība, sāka cirkulēt, un viņš (forma) kļuva par dzīvu radījumu (3. Mozus 17:14).

Dzīvības elpa satur sevī Dieva spēku. Tā kā šī elpa nāk no Dieva, tā nekad nepazūd. Bībelē nav teikts, ka Ādams kļuva cilvēks. Tur teikts, ka viņš kļuva par dzīvu dvēseli. Tas nozīmē, ka viņā bija dzīvs gars. Saņēmis dzīvības elpu, viņš varētu dzīvot mūžīgi, pat, ja viņš bija radīts no zemes pīšļiem. Un tas palīdz mums saprast jēgu pantiem no Jāņa Evaņģēlija 10:34-35, kuros teikts: „Jēzus viņiem atbildēja: „Vai nav rakstīts jūsu bauslībā: Es esmu sacījis, jūs esat dievi. Ja raksts tos nosaucis par dieviem, uz kuriem attiecas šie Dieva vārdi, un raksti nevar tikt atcelti."

No sākuma cilvēks bija radīts tā, ka viņš varēja dzīvot mūžīgi, nezinot fizisko nāvi. Lai arī nepaklausības rezultātā Ādama gars bija miris, Dievs bija devis viņam dzīvības sēklu, kas ir viņa sirds kodols. Tā ir mūžīga, un pateicoties tai katrs cilvēks var piedzimt no jauna kā Dieva bērns.

Katram dotā dzīvības sēkla.

Dievs radot Ādamu, ielika viņā nedziestošu dzīvības sēklu. Dzīvības sēkla, ko Dievs sākumā ielika Ādama garā, - tā ir viņa gara pamatsastāva daļa. Sākotnējais gars – tas ir spēka avots, kas nepieciešams, lai iepazītu Dievu un piepildītu savu cilvēcisko pienākumu.

Sestajā grūtniecības mēnesī Dievs dod embrijam dzīvības sēklu kopā ar garu. Šajā dzīvības sēklā ietverta Dieva sirds un spēks, tādēļ ļaudis var būt sadraudzībā ar Dievu. Lielākā daļa no tiem ļaudīm, kuri neatzīst Dievu, tomēr ar bažām vai šausmām domā par dzīvi pēc nāves un neiedrošinās noliegt Dievu savos sirds dziļumos, tādēļ ka tur, viņu sirds dziļumos silst dzīvības sēkla.

Piramīdās un citos pieminekļos attēlotas cilvēka idejas par mūžīgo dzīvi un cerību uz mūžīgo atpūtas vietu. Bailes nāves priekšā izjūt pat paši drošākie ļaudis, tādēļ ka dzīvības sēkla viņos saka priekšā viņiem, ka ir nākamā dzīve.

Katrā cilvēkā ir dzīvības sēkla, no Dieva dota, un tā dabiski tiecas uz Dieva iepazīšanu (Salamans māc. 3:11). Dzīvības sēkla pilda cilvēka sirds funkciju, tādēļ tieši saistās ar viņa garīgo dzīvību. Asinis cirkulē, apgādājot cilvēka ķermeni ar skābekli un barības vielām, pateicoties sirdsdarbībai. Analoģiski tam, ja dzīvības sēkla cilvēkā aktivizējas, viņa gars arī piepildās ar enerģiju, pēc kā viņš var būt sadraudzībā ar Dievu. Un otrādi, ja viņa gars ir miris, tad dzīvības sēkla cilvēkā neaktivizējas, un viņam nevarēs būt tiešs kontakts ar Dievu.

Dzīvības sēkla – tas ir gara kodols.

Ādams bija piepildīts ar patiesības zināšanām, kuras viņam mācīja Dievs. Dzīvības sēkla viņā bija pilnībā aktīva. Viņš bija pildīts ar garīgo enerģiju. Viņš bija tik gudrs, ka varēja dot vārdus visām dzīvām radībām un tās pārvaldīt. Bet pēc Ādama sagrēkošanas viņa sadraudzība ar Dievu tika pārtraukta. Viņa

Miesas formēšanās

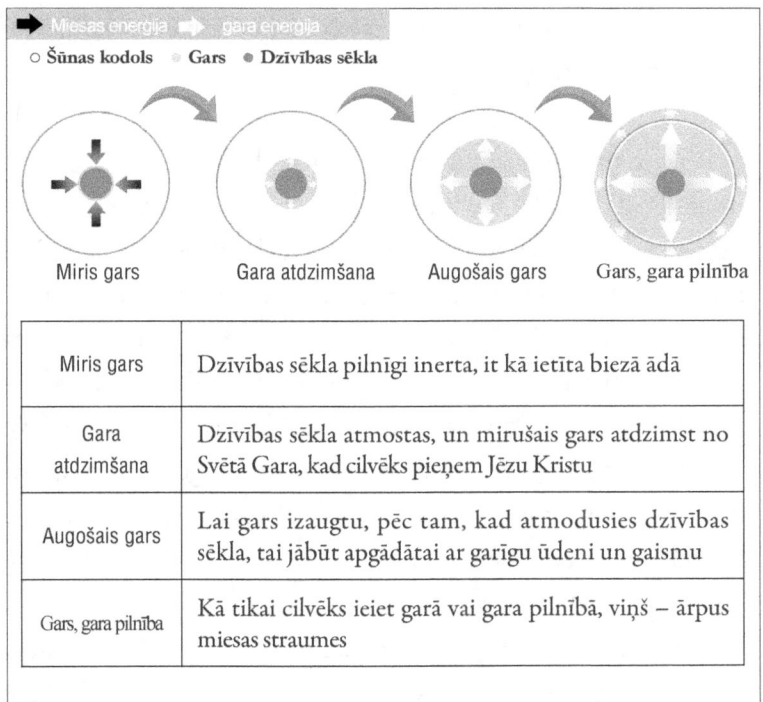

Miris gars	Dzīvības sēkla pilnīgi inerta, it kā ietīta biezā ādā
Gara atdzimšana	Dzīvības sēkla atmostas, un mirušais gars atdzimst no Svētā Gara, kad cilvēks pieņem Jēzu Kristu
Augošais gars	Lai gars izaugtu, pēc tam, kad atmodusies dzīvības sēkla, tai jābūt apgādātai ar garīgu ūdeni un gaismu
Gars, gara pilnība	Kā tikai cilvēks ieiet garā vai gara pilnībā, viņš – ārpus miesas straumes

garīgā enerģija sāka izsīkt. Bet garīgās enerģijas vietu sirdī sāka aizņemt miesas enerģija, un šī miesīgā enerģija sāka bloķēt dzīvības sēklu. No tā laika dzīvības sēkla pakāpeniski zaudēja savu gaismu, kļuva pilnīgi bezdarbīga.

Tieši tāpat, kā cilvēka dzīve pārtrūkst, kad pārstāj sisties viņa sirds, Ādama gars pamira, tiklīdz dzīvības sēkla viņā pārtrauca savu aktivitāti. Gara nāve nozīmē, ka viņā esošā dzīvības sēkla pilnībā pārstāj funkcionēt, tas ir tā bija tikpat kā mirusi. Tātad, katrs cilvēks šajā fiziskajā telpā piedzimst ar dzīvības sēklu, kura ir absolūti bezdarbīga.

Pēc Ādama grēkā krišanas neviens cilvēks nevar izbēgt no nāves. Priekš tā, lai no jauna iegūtu mūžīgo dzīvību, viņam jāatrisina grēka problēmu, vēršoties pēc palīdzības pie Dieva, Kas ir Gaisma. Vispirms viņiem jāpieņem Jēzus Kristus un jāsaņem grēku piedošana. Priekš tā, lai mūsu gars atdzimtu, Jēzus nomira pie krusta, paņēmis uz sevi visas cilvēces grēkus. Viņš kļuva Ceļš, Patiesība un Dzīvība caur kuru visi ļaudis var iegūt mūžīgo dzīvību. Atzīstot Jēzu Kristu, kā savu personīgo Pestītāju, mēs saņemam mūsu grēku piedošanu, un mēs saņemam Svētā Gara dāvanu kļūstot par Dieva bērniem.

Svētais Gars aktivizē mūsos dzīvības sēklu. Tā atdzimst dzīvei mūsu mirušais gars. No šī laika gaismu zaudējusī dzīvības sēkla, no jauna sāk mirdzēt. Protams, tā nevar iemirdzēties pilnā apjomā, kā kādreiz Ādamam, bet gaismas intensitāte pieaug atkarībā no mūsu ticības izaugsmes un pēc tā mēra, kā pieaug un nostiprinās cilvēka gars.

Jo vairāk dzīvības sēkla piepildās ar Svēto Garu, jo vairāk gaismas tā izstaro un, jo intensīvāka gaisma, kas iziet no garīgā ķermeņa. Un pēc tā mēra, cik cilvēks piepildīts ar patiesību, viņā atjaunojas zaudētais Dieva veidols, un viņš kļūst par patiesu Dieva bērnu.

Fiziskā dzīvības sēkla.

Papildus garīgajai dzīvības sēklai, kura ir kā gara kodols, cilvēkā tāpat ir arī fiziskā dzīvības sēkla. Runa ir par spermu un olšūnām. Mērķis Dieva plānam par cilvēces izveidošanu bija patiesu bērnu iegūšana, ar kuriem Viņš varētu dalīties savā patiesajā mīlestībā. Piepildot šo plānu, Viņš deva ļaudīm dzīvības sēklu, lai viņi varētu vairoties un piepildīt zemi. Garīgā telpa, kurā mājo Dievs, ir bezgalīga, tādēļ, kad apkārt neviena nav, ir ļoti vientuļi un tukši. Tādēļ Dievs arī radīja dzīvu garu Ādamu. Bet, lai Dievs varētu iegūt daudzus patiesus bērnus, Viņš pieļāva viņam un visām turpmākajām paaudzēm augļoties un vairoties.

Dievs vēlas, lai viņam ir bērni ar atdzimušu garu, kuri varētu būt sadraudzībā ar Viņu un dalītos ar Viņu mīlestībā mūžīgajā Debesu Valstībā. Lai iegūtu patiesus bērnus Dievs devis katram dzīvības sēklu. Viņš veic cilvēces pilnveidošanu no Ādama laikiem. Apzinoties Dieva mīlestību un Viņa plānu, Dāvids teica: „Es Tev pateicos, ka es esmu tik brīnišķi radīts, brīnišķi ir Tavi darbi, mana dvēsele to labi zina" (Psalmi 139:14).

2. Kā rodas cilvēks?

Atjaunot pilnīgu cilvēka kopiju ar klonēšanas palīdzību nav iespējams. Pat, ja būs radīta ārēja līdzība, dublikāts nebūs cilvēks, jo viņā nebūs gars. Klonēts radījums ne ar ko neatšķirsies no dzīvnieka.

Jaunas dzīvības rašanās notiek tad, kad vīrieša spermatozoīds, savienojoties ar sievietes olšūnu, to apaugļo. Lai noformētos pilnvērtīgs auglis, viņam jāattīstās mātes klēpī deviņus mēnešus. Mēs varam apjaust noslēpumaino Dieva spēka darbību, pasekojot embrija formēšanās procesam – no viņa ieņemšanas līdz grūtniecības beigu laikam un dzemdību pienākšanai.

Pirmajā mēnesī notiek nervu sistēmas attīstība. Ielikti pamati, lai formētos asinis, kauli, muskuļi, vēnas un iekšējie orgāni. Otrajā grūtniecības mēnesī auglim sākas sirdspuksti un vispārējos vilcienos, viņam ir līdzība ar cilvēku. Tajā laikā jau var noteikt galvu un locītavas. Trešajā mēnesī formējas sejas līnijas. Embrijs var kustināt galvu, ķermeni un locītavas, un vēl viņam parādās dzimumorgāni.

Četros mēnešos caur pilnībā noformējušos placentu notiek pastiprināta augļa barošana, un viņš sāk ātri pieaugt svarā un garumā. Normāla orgānu attīstība nodrošina pilnvērtīgu augļa dzīvi. Muskulatūras attīstība sākas no piektā mēneša un tad jau parādās dzirdes orgāni, pateicoties tiem auglis var atšķirt skaņas. Sestajā mēnesī notiek gremošanas orgānu attīstība, tādēļ augļa augšana notiek vēl intensīvāk. Septītajā mēnesī attīstoties mātes miesās uz galvas bērnam jau redzami mati un paralēli attīstās plaušas, kas dod iespēju elpot.

Pilnībā dzimumorgānu un dzirdes orgānu attīstība beidzas astoņos mēnešos. Auglis var pat reaģēt uz ārējām skaņām. Deviņos mēnešos mati uz galvas kļūst biezāki, bet plānais matu pārklājs uz ķermeņa pazūd. Locītavas jau kļūst tuklākas. Pēc deviņiem attīstības mēnešiem jaundzimušā bērna augums vidēji ir 50 cm, un svars – 3,2 kg.

Embrijs – tā ir dzīvība, kas pieder Dievam.

Mūslaiku zinātnieki izrāda lielu interesi par dzīvu būtņu klonēšanu. Bet, kā jau runāts iepriekš, neatkarīgi no zinātnes progresa, klonēt cilvēkus neiespējami. Pat ja arī izdosies radīt ārēju cilvēka līdzību, viņā nebūs gara. Bez gara cilvēks ne ar ko neatšķiras no dzīvnieka.

Atšķirībā no dzīvnieka, cilvēkam attīstoties mātes miesās, šajā procesā pienāk moments, kad cilvēkam tiek dots gars. Sešus mēnešus vecam auglim jau ir dažādi orgāni, seja un locītavas. Viņš kļūst par trauku, kurā var ievietot garu. Šajā etapā Dievs kopā ar dzīvības sēklu dod cilvēkam garu. Šo faktu var secināt no tā, kas rakstīts Bībelē. Tajā daļēji aprakstīta sešu mēnešu veca bērna reakcija mātes miesās. Lūkas Evaņģēlijā 1:41-44, mēs lasām: „Un notika, kad Elizabete Marijas sveicienu dzirdēja, tad bērniņš viņas miesā sāka lēkt, un Elizabete tapa Svētā Gara pilna un viņa stiprā balsī sauca un sacīja: „Tu esi augsti teicama starp sievām, un augsti teicams ir tavs miesas auglis."

Tas notika tad, kad Jēzus bija tikko ieņemts Jaunavas Marijas miesās, un viņa devās apciemot Elizabeti, kura sešus mēnešus agrāk bija ieņēmusi Jāni Kristītāju. Jānis Kristītājs iegavilējās no prieka, kad atnāca Marija. Viņš atzina Jēzu Marijas klēpī un piepildījās ar Svēto Garu. Embrijs tā nav vienkārši dzīva, bet tāpat arī garīga būtne, kura var piepildīties ar Garu sestajā grūtniecības mēnesī. Cilvēka dzīvība pieder Dievam no ieņemšanas brīža. Tikai Dievam ir vara pār dzīvību. Tādēļ aborti pēc pašu iegribas, vai kā mēs uzskatām pēc nepieciešamības, nav pieļaujami pat, ja embrijs vēl nav saņēmis garu.

Deviņu mēnešu periods – svarīgs laiks, lai attīstītos iekšējie augļa orgāni. Mātes organisms nodrošina augli ar visu nepieciešamo viņa augšanai, tādēļ mātei jālieto sabalansēts uzturs. Grūtas sieviete jūtas un domas arī iespaido raksturu, bērna personības un intelekta formēšanos. Tas pats attiecas arī uz garu. Bērni, kuru mātes kalpo Dieva Valstībai un centīgi lūdzas, pamatā piedzimst ar labu raksturu un aug gudri un veseli.

Dievs valda pār dzīvību, bet Viņš neiejaucas ieņemšanas procesā, cilvēka dzimšanā un augšanā. Iedzimtās īpašības saņem dzīvības enerģiju, ko satur vecāku sperma un olšūna. Citas rakstura iezīmes rodas un attīstās atkarībā no apkārtējās vides un citiem faktoriem.

Īpašā Dieva iejaukšanās.

Bet ir atsevišķi gadījumi, kad Dievs tomēr iejaucas ieņemšanas un dzimšanas procesā. Pirmkārt, kad vecāki īpaši patīk Dievam ar savu ticību un patiesi lūdzas par to. Anna, sieviete, kas dzīvoja Soģu laikā, ļoti cieta no tā, ka viņai nebija bērni. Viņa atnākot uz Dievnamu, patiesi lūdzās. Anna deva solījumu, ka, ja Dievs dāvās viņai dēlu, tad viņa to atdos Dievam.

Dievs uzklausīja viņas lūgšanu un svētīja viņu ar dēla ieņemšanu. Anna turot savu solījumu, atveda Samuēlu pie priestera uzreiz pēc tam, kad viņš bija atņemts no krūts un atdeva viņu kalpošanai Dievam. Samuēls bija sadraudzībā ar Dievu no pašas bērnības un vēlāk kļuva par lielu Izraēla pravieti. Annu, kas izpildīja savu apsolījumu, Dieva svētīja ar vēl trīs dēliem un divām meitām (1. Samuēla 2:21).

Otrkārt, Dievs iejaucas to dzīvē, kas nošķirti priekš Dieva, lai izpildītu īpašus Viņa nodomus. Lai saprastu to, mums vispirms vajadzētu saprast atšķirību starp to, ko nozīmē „būt izredzētam" un, ko nozīmē „būt nošķirtam" priekš Dieva. Dievs pēc savas izvēles nosaka noteiktus rāmjus un visi, kas iederas šajos rāmjos, ir bez ierunām izredzēti. Piemēram, Dievs nosaka glābšanas robežas un glābj katru, kas atrodas tajās robežās. Tādēļ tos, kas pieņēmuši Jēzus Kristu un, dzīvojot pēc Dieva Vārda saņēmuši glābšanu, sauc par izredzētajiem.

Daži ļaudis kļūdaini uzskata, ka Dievs jau iepriekš paredzējis, kas būs izglābti un, kas ne. Viņi saka, ka, ja jūs kādreiz esat pieņēmuši Kungu, tad Dievs izdarīs visu, lai jūs būtu izglābti, pat ja jūs arī nedzīvojat pēc Dieva Vārda. Bet viņi maldās.

Katrs, kas pēc savas brīvas gribas nāk pie ticības un paliek glābšanas robežās, saņem glābšanu. Tas nozīmē, ka visi viņi ir Dieva izredzēti. Taču tie, kas neiederas noteiktajās glābšanas robežās, nostājušies uz ceļa ar draudzību ar pasauli un sākuši apzināti un labprātīgi grēkot, pazaudēs glābšanu, ja neatstās šo ceļu.

Bet ko tad nozīmē „būt nošķirtam" priekš Dieva? Tas ir, kad Dievs, Kurš zina visu un Kurš visu saplānojis vēl pirms laikmetiem, izredzējis noteiktus cilvēkus un vada viņu dzīves gaitu. Piemēram, Ābrahāms, Jēkabs – ebreju tautas patriarhs. Mozus – Iziešanas līderis, - visi viņi bija Dieva nošķirti, lai izpildītu īpašus uzdevumus, ko Dievs viņiem deva pēc Sava nodoma.

Dievam ir zināms viss. Saskaņā ar cilvēces pilnveidošanas nodomu, Viņš zināja, kādiem cilvēkiem un, kādā tieši vēsturiskā laika periodā vajag piedzimt. Lai realizētu Savus plānus Viņš izvēlas noteiktus cilvēkus, kas nolemti kādam Dieva mērķim. Viņš parāda īpašu ietekmi uz viņu dzīvi, sākot jau no viņu dzimšanas.

Vēstulē Romiešiem 1:1, teikts: „Pāvils, Kristus Jēzus kalps, aicināts apustulis, izredzēts sludināt Dieva evaņģēliju." Kā teikts, Pāvils bija aicināts kļūt par pagānu apustuli, lai nestu viņiem Evaņģēliju. Tā kā viņam bija droša un nesatricināma sirds, viņš bija nošķirts priekš Dieva, lai pārvarētu neiedomājamas ciešanas. Uz viņu arī bija uzlikta atbildība uzrakstīt lielu daļu Jaunās Derības. Lai viņš varētu izpildīt šo uzdevumu, Dievs ļāva viņam no agras bērnības sākt rūpīgi studēt Dieva Vārdu pašā labākā to laiku skolotāja – Gamaliēla vadībā.

Jēzus kristītājs arī bija nošķirts priekš Dieva. Viņa zināšanas un dzīve, kura no pašas bērnības pagāja īpašos apstākļos, bija zem Dieva aizbildniecības. Jānis dzīvoja viens tuksnesī, bez jebkādiem kontaktiem ar pasauli. Viņš nēsāja kamieļu ādas drēbes, ādas jostu ap gurniem un viņa barība bija siseņi un kameņu medus. Viņam vajadzēja sagatavot Jēzum ceļu.

Tas pats bija gadījumā ar Mozu. Dievs vadīja Mozus dzīvi no viņa dzimšanas momenta. Mazulis bija ielaists upē, bet viņu atrada princese, un viņš kļuva par princi. Tomēr audzināja Mozu viņa paša māte, tādēļ viņš zināja par Dievu un par savu tautu. Kā Ēģiptes princis viņš tāpat apguva visas pasaulīgās zināšanas. Kā jau bija teikts, nošķiršana priekš Dieva, paredz augstāko Dieva kontroli, Kurš zinot kādam tieši cilvēkam jāpiedzimst tajā vai citā vēstures posmā, vada šī cilvēka dzīvi.

3. Sirdsapziņa.

Vai cilvēks sāks meklēt Dievu Radītāju, vai satiksies ar Viņu, vai atjaunos sevī zaudēto Dieva līdzību, lai kļūtu par pilnvērtīgu dzīvu garu, lielā mērā atkarīgs no tā, kāda ir viņa sirdsapziņa.

Vecāku spermatozaīdos un olnīcā atrodas dzīvības enerģija, kuru manto bērni. Tas pats attiecas arī uz sirdsapziņu. Sirdsapziņa ir spriešanas standarts par to, kas ir labs, un kas – ļaunums. Ja vecāki dzīvo kārtīgu dzīvi, un viņu sirds ir, kā auglīga zeme, tad iespēja, ka viņiem piedzims bērni ar tīru sirdsapziņu ir lielāka. Tādā veidā dzīvības enerģijai, kuru bērns manto no vecākiem, ir noteicošais faktors tam, ar kādu sirdsapziņu piedzims cilvēks.

Tomēr pat, ja bērni saņēmuši no vecākiem labu dzīvības enerģiju, bet audzināti nelabvēlīgā vidē, redzējuši un dzirdējuši daudz nepareizas lietas, un viņos bija iesēts ļaunums, tad visdrīzāk, viņu sirdsapziņa būs ļaunuma samaitāta. Un pretēji, ja cilvēks audzis labvēlīgā atmosfērā, redzējis un dzirdējis tikai labo, tad arī iespēja, ka viņam būs salīdzinoši tīra sirdsapziņa ir lielāka.

Sirdsapziņas formēšanās.

Tātad, sirdsapziņas standartu formēšanās ir atkarīga no vairākiem faktoriem: no vecākiem, kuri viņam devuši dzīvību; no tā kādā vidē viņš ir audzināts, ko redzējis, dzirdējis un ko iemācījies; kādā mērā viņš pats centies būt ar labu izturēšanos. Tā, bērns, kas piedzimis labestīgiem vecākiem un izaudzis labvēlīgos apstākļos, iemācīts sevi kontrolēt, parasti seko savas sirdsapziņas balsij. Tādiem ļaudīm vieglāk pieņemt Evaņģēliju un izmainīties patiesībā.

Kā likums, ļaudis domā, ka sirdsapziņa – tā ir tikai pozitīva mūsu sirds sastāvdaļa, bet Dieva acīs, tas nav tā. Daži ļaudis ir ar tīru sirdsapziņu un ar noslieci tādēļ uz labiem darbiem, bet citiem ļaudīm sirdsapziņa ir samaitāta, un viņi meklē sava paša izdevīgumu un nievājoši izturas pret patiesīb

Daži sajūt sirdsapziņas pārmetumus, ja nejauši paņemta sveša, neliela lieta, tajā pat laikā citi pat nepadomās, ka tā ir zādzība, un neuzskatīs to par ļaunumu. Sirdsapziņas standarti, kas nolemj, kas ir labs un kas – ļauns, atkarīgi no apkārtējās vides, kurā audzis cilvēks un no tā, kas viņam bijis iemācīts.

Izvēloties starp labu un ļaunu ļaudis orientējas uz savu sirdsapziņu. Bet sirdsapziņa nav visiem vienāda. Daudzas atšķirības ir izskaidrojamas ar ģeogrāfiskām un kultūras īpatnībām, tādēļ sirdsapziņa nevar būt, kā nevainojams standarts izvēloties starp labu un ļaunu. Ideāls standarts ir tikai Dieva Vārds, kurš ir pati patiesība.

Atšķirība starp sirdi un sirdsapziņu.

Vēstulē Romiešiem 7:21-24, teikts: „Tad nu šādu bauslību, es atrodu, ka gribot darīt labu, man iznāk ļaunais. Mans iekšējais cilvēks ar prieku piekrīt Dieva bauslībai. Bet savos locekļos es manu citu bauslību, kas karo ar mana prāta bauslību un padara mani par grēka bauslības gūstekni, kas ir manos locekļos. Es, nožēlojamais cilvēks! Kas mani izraus no šīs nāvei lemtās miesas?"

No šī fragmenta mēs uzzinām, kā ierīkota cilvēka sirds. „Iekšējais cilvēks" šajā pantā simbolizē patiesības sirdi, kura var būt nosaukta par „balto sirdi", kas cenšas sekot Svētā Gara vadībai. Šajā iekšējā cilvēkā ir dzīvības sēkla. Un vēl ir „grēka likums", citiem vārdiem runājot „melnā sirds", kurā mājo nepatiesība. Papildus tam ir „prāta likums." Tas ir – sirdsapziņa. Sirdsapziņa – tas ir standarts novērtējot vērtības, ko pats cilvēks ir noformulējis. Šis ir „baltās sirds" un „melnās sirds" sajaukums. Lai saprastu, kas ir sirdsapziņa vispirms jāsaprot cilvēka sirds.

Vārdnīcās var atrast visdažādākos vārda „sirds" skaidrojumus. Piemēram, tas ir „emociju, morāles un garastāvokļa sakopojums" vai „iekšējais raksturs, jūtas, noslieces." Bet garīgais tulkojums vārdam „sirds" ir pavisam cits.

Kad Dievs radīja pirmo cilvēku Ādamu, Viņš kopā ar garu deva viņam dzīvības sēklu. Ādams bija kā tukšs trauks, kurā Dievs ielika garīgās zināšanas, arī par mīlestību, labestību un uzticību. Tā kā Ādamam bija mācīta tikai patiesība, tad viņa dzīvības sēkla saturēja sevī garu, piepildītu ar patiesības zināšanām. Un tā kā viņš bija piepildīts ar patiesām zināšanām, nebija nepieciešamības darīt atšķirību starp garu un sirdi. Tā kā nebija nepatiesības, tad nebija arī vajadzības pēc tādas saprašanas, kā „sirdsapziņa."

Bet pēc tam, kad Ādams sagrēkoja, viņa gars pārstāja būt tāds pats, kā sirds. Pēc tam, kad pārtrūka viņa sadraudzība ar Dievu, patiesība, garīgās zināšanas, kuras viņu piepildīja, sāka izsīkt. To vietu sirdī ieņēma nepatiesība, un tādas tās izpausmes, kā, piemēram, ienaids, skaudība un lepnība, sāka apņemt dzīvības sēklu. Līdz brīdim, kad nepatiesība iegāja Ādamā, nebija nepieciešamības pēc vārda „sirds." Viņa sirds bija gars. Bet pēc grēkā krišanas, Ādamā ielauzās nepatiesība, un viņa gars sāka nomirt; tad arī parādījās nepieciešamība pēc vārda „sirds" lietošanas.

Ļaužu sirdis pēc Ādama grēkā krišanas nokļuva tādā stāvoklī, kad viņos dzīvības sēkla tagad bija pārklāta ne ar patiesību, bet nepatiesību, kas nozīmē, ka dzīvības sēkla atrodas zem dvēseles pārklāja, bet ne gara. Lai vienkāršotu, nosauksim patiesības

53

sirdi par "balto sirdi", bet nepatiesības sirdi par "melno sirdi." Visiem Ādama pēcnācējiem, dzimušiem pēc grēkā krišanas, ir kā patiesības sirds, tā arī nepatiesības sirds, bet sirdsapziņa ir patiesības un nepatiesības kombinācija.

Dabīgā būtība ir sirdsapziņas pamats.

Esošais cilvēka sirds raksturs runā par viņa dabīgo būtību. Cilvēka būtība ne tikai tiek mantota. Tā var mainīties to zināšanu iespaidā, kuras viņš sevī savācis pieaugšanas procesā. Tāpat kā augsnes kvalitāte mainās atkarībā no tā, kas viņai pievienots, tā iespaidā, ko cilvēks redz, dzird un jūt, var izmainīties arī viņa būtība.

Visi Ādama pēcnācēji, kas dzimuši uz šīs zemes, caur savu vecāku dzīvības enerģiju manto dabīgo būtību, kura ir patiesības un nepatiesības sajaukums. No vienas puses, nākot pasaulē ar labām dabas dotām īpašībām, viņi var piepildīties ar ļaunumu nokļūstot nelabvēlīgā vidē. No citas puses, ja cilvēks izaudzis labvēlīgā vidē un viņam mācītas labas lietas, tad viņā būs iesēts salīdzinoši mazāk ļaunuma. Katra cilvēka būtība var mainīties atkarībā no tā, kas viņā tiek papildināts - nepatiesība vai patiesība.

Tikt skaidrībā par sirdsapziņas standartiem būs daudz vienkāršāk, ja mēs vispirms sapratīsim cilvēka būtību, jo

Miesas formēšanās

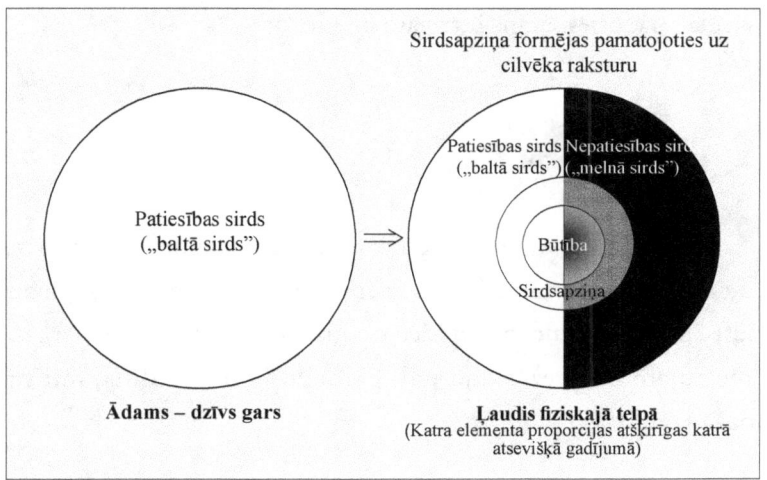

< Sirds sastāvs >

sirdsapziņa dod savus spriedumus balstoties uz dabas doto cilvēka būtību. Jūsu iekšējais cilvēks uzņēmis patiesības un nepatiesības zināšanas, kuru iespaidā arī noformējas jūsu spriedumu standarti. Tas arī ir sirdsapziņa. Tādā veidā, cilvēka sirdsapziņā atspoguļojas patiesības sirds kopā ar viņa dabas ļaunumu un tāpat paštaisnību.

Laikam ejot pasaule aizvien vairāk un vairāk piepildās ar grēkiem un ļaunumu, un attiecīgi arvien samaitātāka kļūst cilvēku sirdsapziņa. Mantojumā no vecākiem viņi saņem aizvien vairāk ļaunuma, un netaisnība atkaro arvien vairāk telpas viņu dzīvēs. Šis process ilgst un ilgst gadiem, skarot paaudzi pēc paaudzes. Viņu sirdsapziņa kļūst aizvien samaitātāka un bezjūtīgāka un viņiem paliek grūtāk un grūtāk pieņemt Evaņģēliju. Toties daudz vieglāk padoties sātana intrigām un grēkot.

4. Miesas darbi.

Ja cilvēks grēko, tad saskaņā ar garīgās pasaules likumu viņš neizbēgami saņems sodu. Dievs ir pacietīgs, cenšoties dot viņam iespēju nožēlot un novērsties no grēkiem, bet, ja viņš pārkāpj pieļaujamās robežas, tad nāk pārbaudījumi, kārdinājumi vai dažādas likstas.

Visi ļaudis piedzimst ar grēcīgu dabu, kura tiek nodota bērniem no pirmā cilvēka Ādama caur viņu vecāku dzīvības enerģiju. Mēs varam reizēm redzēt, kā mazuļi, aizelsdamies no raudām izrāda savu aizkaitinājumu un neapmierinātību. Reizēm, ja bērnu laikā nepabaro, nenomierina, viņš sāk kliegt, ka šķiet viņš tūlīt – tūlīt paliks bez elpas. Reizēm, pat izsalcis, viņš nespēj ēst no satraukuma. Līdzīgā veidā var uzvesties pat jaundzimušie, tādēļ ka viņi mantojuši no saviem vecākiem ātru dabu, ienaidu un dusmas. Iemesls tam – grēcīgā daba, kas ielikta viņu sirdīs. Un tā saucās „pirmdzimtais grēks."

Bez tam, grēki tiek darīti arī pieaugšanas procesa laikā. Dzīvojot fiziskajā telpā, ļaudis, tāpat kā magnēts, kas sev pievelk metālu, neizbēgami savāc sevī to, kas nav patiesība un grēko. Grēki, ko darījis pats cilvēks, var būt sadalīti uz grēkiem sirdī un grēkiem, kas darīti darbos. Grēku mērogi var būt dažādi, bet visi grēcīgie darbi neapšaubāmi tiks nodoti tiesā (2. Vēst. Korintiešiem 5:10). Grēki, kas darīti, darbos, attiecas uz miesas darbiem.

Miesa un miesas darbi.

1. Mozus 6:3, teikts: „Mans Gars nevar mūžīgi būt ar cilvēku, jo tas ir miesa. Viņa mūžs, lai ir simts divdesmit gadi." Šajā gadījumā „miesa" nozīmē ne tikai fizisko ķermeni. Lieta tajā, ka cilvēks kļuvis par miesīgu radījumu, kas apgānīts ar grēkiem un ļaunumu. Tāds miesīgs cilvēks nevar mājot ar Dievu mūžībā, tas ir nevar būt izglābts. Drīzumā, pēc tam, kad Ādams bija izdzīts no Ēdenes dārza un sāka dzīvot uz šīs zemes, viņa pēcnācēji sāka darīt miesas darbus.

Bet Dievam bija Noas, taisns tā laika cilvēks, kuram bija uzticēts uzbūvēt šķirstu un brīdināt ļaudis, lai viņi novērstos no grēkiem. Neviens, izņemot Noasa ģimenes locekļus negribēja ieiet šķirstā. Saskaņā ar garīgo likumu, kurš saka: „Grēka alga ir nāve" (Vēst. Romiešiem 6:23) visi, kas dzīvoja Noasa laikā, bija plūdos iznīcināti.

Kāda ir vārda „miesa" garīgā nozīme? Tā būtība, kas cilvēka sirdī – pretojas patiesībai, tas parādās konkrētos darbos. Citiem vārdiem skaudība, ātras dusmas, ienaids, alkatība, iekāre, lepnība un cita nepatiesība, kura ir ļaudīs, parādās kā nežēlība, aprunāšana, meli un slepkavības. Viss tas kopā saucas „miesa", bet katrs no šiem darbiem attiecas uz miesas darbiem.

Bet grēki, kas nav darīti darbos, bet veikti cilvēka domās saucas „miesīgie nodomi." Ja neattīrāt no miesīgiem nodomiem savas sirdis, tad tie kādu reizi var pārtapt par miesas darbiem. Sīkāks miesas nodomu apraksts būs otrajā daļā „Dvēseles formēšanās."

Kad miesas nodomi kļūst par miesas darbiem, tas jau ir negodīgums un likumpārkāpums. Grēcīgā daba mūsu sirdī neskaitās negodīgums, bet, kad tā pārtop darbībā, tad tā jau ir negodīgums. Ja mēs neatbrīvosimies no miesīgiem nodomiem un no miesas darbiem, bet turpināsim tos darīt, tad ar to uzcelsim grēka sienu starp Dievu un mums. Šajā gadījumā sātans izvirzīs pret mums savus apvainojumus, lai pakļautu mūs pārbaudījumiem un kārdinājumiem.

Mēs varam nokļūt avārijā, jo Dievs nevar mūs aizstāvēt. Mēs nezinām, kas ar mums notiks rīt, ja mēs neatrodamies zem Dieva aizsardzības. Šī iemesla dēļ mēs nevarēsim saņemt atbildes uz savām lūgšanām.

Acīmredzamie miesas darbi.

Ļaunums dominē šajā pasaulē, un visvairāk acīmredzams tā pierādījums ir seksuālā izlaidība un ļaužu kārības. Sodoma un Gomora, apgānījusies izvirtībā, bija pārklāta ar pelniem, sēru un uguni. Ja jūs apmeklēsiet Pompejas pilsētas drupas, tad tās pastāstīs jums par tikumu krišanu un maldiem, kas zēla tajā sabiedrībā.

Vēstulē Galatiešiem 5:19 – 21 aprakstīti acīmredzami miesas darbi: „Bet zināmi ir miesas darbi: tie ir netiklība, nešķīstība, izlaidība, elku kalpība, buršana, ienaids, strīdi, nenovīdība, dusmas, ķildas, šķelšanās, ķecerība, skaudība, dzeršana, dzīrošana un tamlīdzīgas lietas, par kurām es iepriekš saku, kā jau senāk esmu sacījis: tie, kas tādas lietas dara, nemantos Dieva Valstību."

Tamlīdzīgi miesas darbi plosās šodien visā pasaulē. Atļaujiet man pieminēt dažus miesas darbu piemērus.

Pirmkārt, tā ir dzimumizlaidība vai laulības pārkāpšana, kas var parādīties kā fiziskā, tā arī garīgā nozīmē. Fiziskā nozīmē, tas ir laulības pārkāpšana un izvirtība. Izņēmums nav arī laulātie pāri. Šodienas romānos, filmās un ziepju operās laulības pārkāpšana tiek parādīta, kā skaista mīlestība, un tas notrulina ļaudīs jūtīgumu pret grēku. Viņu priekšstati par grēku kļūst diezgan izplūduši. Bez tā, eksistē daudzums piedauzīga satura materiālu, kuri tāpat veicina maldus.

Bet tāpat eksistē arī garīgā izlaidība starp ticīgajiem. Ja viņi vēršas pie zīlniecēm, nēsā amuletus vai talismanus, nodarbojas ar buršanu, tad ar to pašu viņi veic garīgo laulības pārkāpšanu (1. vēst. Korintiešiem 10:21). Ja kristieši nepaļaujas uz Dievu, kurš kontrolē dzīvību, nāvi, svētības un lāstus, bet tā vietā zemojas elkiem un dēmoniem, tad tā ir garīga laulības pārkāpšana, nodevība attiecībā pret Dievu.

Otrkārt, negodīgums un savtība – tas ir sekošana savām iekārēm un dažādu nepiedienīgu lietu darīšana, kad dzīve piepildās nepieklājīgiem vārdiem un darbiem, kas var pat iziet aiz seksuālās izlaidības rāmjiem. Tam par piemēru var kalpot kopošanās ar dzīvniekiem, grupu sekss, homoseksuālisms (3. Mozus 18:22-30). Jo vairāk dominē grēks, jo nevērīgāk ļaudis attiecas pret laulības pārkāpšanu.

Tā rīkoties – nozīmē parādīt nepakļausību un pretošanos Dievam (Vēst. Romiešiem 1:26-27). Ir grēki, kuri liedz glābšanu (1. Vēst. Korintiešiem 6:9-10), un tie ir pretīgi Dievam (5. Mozus 13:17). Veikt operācijas, lai mainītu dzimumu, vīriešiem nēsāt sieviešu drēbes vai otrādāk, sievietēm ģērbties vīriešu – viss tas ir negantība Dieva acīs (5. Mozus 22:5).

Trešķārt, elku kalpība, kura tāpat ir pretīga Dievam. Elku

kalpība var būt fiziska un garīga. Ja cilvēks tā vietā, lai meklētu Dievu, zemojas veidojumiem, kas izgatavoti no koka, akmens vai metāla, tad tā ir fiziska elku kalpība (2. Mozus 20:4-5). Sekas nopietnai elkdievībai ir lāsts līdz trešajam un ceturtajam augumam. Ja jūs pievērsīsiet uzmanību ģimenēm, kur ar īpašu centību pielūdz elkus, tad ievērosiet pārbaudījumus, kārdinājumus un problēmas, kas šajās ģimenēs nebeidzas. Daudzi šo ģimeņu locekļi sirgst ar apsēstību, psihiskām slimībām vai alkoholismu. Tādās ģimenēs dzimušos ienaidnieks velns un sātans neatstāj mierā pat pēc tam, kad viņi pieņem Kungu, viņiem grūti dzīvot ticībā.

Kad ticīgie mīl kaut ko, vai kādu vairāk nekā Dievu, tad viņi izdara garīgo elku kalpošanu. Ja viņi pārkāpj Kunga Dienu, lai paskatītos kino, ziepju operas, sporto vai nododas jebkādām citām izklaidēm, vai pamet savus pienākumus savu draugu vai draudzeņu dēļ, tad viņi izdara garīgo elku pielūgšanu. Bez tam, ja jūs mīliet vairāk par Dievu, teiksim, savu ģimeni, bērnus, pasaulīgas izpriecas, greznību, varu, slavu, naudu vai zināšanas, tad to visu jūs pārveršat par saviem elkiem.

Ceturtkārt, buršanās – tas ir spēka izmantošana, kas saņemts sadarbojoties ar ļaunajiem gariem, vai zem to kontroles un arī priekš zīlēšanas. Nav pieļaujami runāt, ka jūs ticat Dievam un iet pie zīlniecēm. Zīlēšana pat ticīgos ieved bēdās, jo tā pievelk ļaunos spēkus.

Piemēram, ja jūs zīlējat, lai atbrīvotos no problēmām, tad tās no tā ne tikai neatrisinās, bet vēl arī padziļinās. Pēc buršanās seansiem ļaunie gari uz kādu laiku nomierinās, bet drīzumā tie provocē vēl sliktākas problēmas, lai mūs vēl vairāk pakļautu. Reizēm šķiet, ka burvji pasaka nākotnes notikumus, bet ļauniem gariem nav zināma nākotne. Vienkārši viņi – garīgas būtnes un pazīst miesīgu ļaužu sirdis, tādēļ var viņus piemānīt, iedvešot it kā viņiem būtu zināmi priekšā stāvošie notikumi, lai tie viņus pielūgtu. Burvji var tāpat sarīkot apvārdošanas, lai piemānītu citus, tādēļ mums jābūt ļoti uzmanīgiem. Ja jūs sāksiet rakt bedri citam, ņemot palīgā burvju apvārdošanas, tas izdarīsiet skaidri miesīgu rīcību, kura pievedīs jūs pašus pie bojāejas.

Piektais, ienaids, tas ir skaidri izrādīts aktīvs naids vai nepatika. Naidoties – nozīmē gribēt un darīt visu, lai iznīcinātu citus. Tie, kuros ir ienaids, neieredz ļaudis, kuri viņiem nepatīk, un izjūt pret viņiem ļaunas jūtas. Ja ienaids viņos sasniegs noteiktu līmeni, viņi var vienkārši „uzsprāgt" vai piedalīsies apmelošanā un intrigās.

Sestais, strīdi – tie ir vētraini, brīžiem nežēlīgi konflikti vai nesaskaņas. Uzskatu atšķirības baznīcā var pievest pie grupējumu rašanās. Ļaudis, kas strīdās runā naidīgā tonī, tiesā un nosoda cits citu. Un tad draudze sadalās daudzās grupās.

Septītais, šķelšanās – tā ir sadalīšanās grupās pēc viņu

personīgām idejām un uzskatiem. Pat ģimenes var sadalīties, dažādi grupējumi var būt arī draudzē. Dāvida dēls Absalomons, nodeva tēvu un nošķīrās no viņa, lai panāktu savu. Viņš sacēlās pret tēvu, lai kļūtu par ķēniņu. Dievs atstāj tādus ļaudis, Absalomonam beigu beigās pienāca nožēlojama nāve.

Astotais – tas ir nesaskaņas. Kad nesaskaņas padziļinās, tās var pāraugt maldos. 2. Pētera vēstulē 2:1 teikts: „būs viltus mācītāji, kas paslepeni ienesīs aplamas posta mācības, noliegdami pat To Kungu, kas viņus atpircis, un tā sagatavos sev drīzu pazušanu." Maldu mācība – tā ir Jēzus Kristus noliegšana (1. Jāņa vēst. 2:22-23; 4:2-3). Viņi apgalvo, ka tic Dievam, bet ar to pievelk sev likstas, noliedzot Dieva Trīsvienību vai Jēzu Kristu, kurš izpircis mūs ar Savām Asinīm. Bībele skaidri mums saka, ka maldu mācītāji ir tie, kas noliedz Jēzu Kristu, tādēļ mums nav vieglprātīgi jānosoda un jātiesā tie, kas pieņem Dieva Trīsvienību un Jēzu Kristu.

Devītais – tā ir skaudība. Kad skaudības jūtas pastiprinās, tās kļūst par konkrētiem darbiem. Skaudīgi cilvēki izjūt diskomfortu, atsvešinātību un ienaidu pret tiem, kam vairāk veicas nekā pašiem. Piepildīti ar skaudību, viņi var veikt darbības, kas kaitē citiem ļaudīm. Sauls sāka apskaust savu padoto Dāvidu, kuru tauta mīlēja vairāk, nekā viņu pašu. Viņš pat izsūtīja savu karaspēku, lai nogalinātu Dāvidu, iznīcināja priesterus un ļaudis, kas dzīvoja pilsētā, kur slēpās Dāvids.

Desmitais – tā ir dzeršana. Pēc plūdiem Noas pieļāva kļūdu, izdzēra vīnu un tas noveda pie nopietnām sekām. Viņš nolādēja savu otro dēlu Hamu, kurš izstāstīja citiem par tēva negodu.

Vēstulē Efesiešiem 5:18 teikts: „Un neapreibinaties ar vīnu, no kā ceļas izlaidīga dzīve, bet topiet gara pilni." Daži varētu teikt, ka vienu glāzi var. Bet tas tik un tā ir grēks, jo neatkarīgi no tā, vienu vai divas glāzes jūs izdzersiet, jūs vienalga lietojat alkoholu, lai apreibinātos. Bet ļaudis neskaidrā prātā izdara daudz grēku, jo pārstāj kontrolēt sevi.

Bībele piemin par vīna dzeršanu, tādēļ ka Izraēlā eksistē ūdens deficīts, un ūdens vietā Dievs pieļāvis viņiem lietot vīnu, ar to domājot tīru vīnogu sulu vai dzērienu, kas gatavots no augļiem ar lielu cukura daudzumu (3. Mozus 14:26). Bet īstenībā Dievs nav ļāvis cilvēkam lietot alkoholu (3. Mozus 10:9; 4. Mozus 6:3; Salamana pamācības 23:31; Jeremijas grām. 35:6; pravieša Daniela grām., 14:21; Lūkas 1:15; Vēst. Romiešiem 14:21). Dievs atļāvis vīna lietošanu ierobežotā apmērā un tikai īpašos gadījumos. Lai arī ļaudis dzēra tikai augļu sulas, viņi tik un tā noreiba, ja dzēra pārāk daudz. Tādēļ Izraēlieši ūdens vietā lietoja vīnu, bet viņi dzēra to ne priekš tam, lai noreibtu un saņemtu no tā baudījumu.

Un sekas, tam ir piedauzīga uzvešanās. Tā ir nekontrolēta alkohola, sieviešu, azartspēļu vai citu iekāru baudīšana. Tāda veida ļaudis nevar izpildīt savu cilvēcisko pienākumu.

Paškontroles neesamība – tas arī ir sava veida piedauzīga uzvedība. Ja jūs dzīvojat tādu dzīvi pat pēc tam, kad esat pieņēmuši Kungu, tad jūs neesat sirdi Dievam atdevuši, ne arī no grēkiem attīrījušies un tas nozīmē, ka nevarēsiet mantot Dieva Valstību.

Ko nozīmē nemantosiet Dieva Valstību.

Līdz šim laikam mēs izskatījām acīmredzamus miesas darbus. Kāds ir pamatiemesls tam, ka ļaudis dara tādus miesas darbus? Iemesls tajā, ka viņi negrib pieņemt Dievu Radītāju savā sirdī. Vēstulē Romiešiem 1:28-32, par to rakstīts sekojošais: „Tad nu tāpat, kā viņi nav turējuši cieņā viņiem doto Dieva atziņu, Dievs viņiem licis krist necienīgās tieksmēs, ka viņi dara to, kas neklājas. Tie piepildījuši savu dzīvi ar visādiem netikumiem: netiklību, mantkārību, ļaunprātību, iestiguši skaudībā, slepkavībās, ķildās, mantkārībā, ļaunprātībā. Kļuvuši par mēlnešiem un neslavas cēlājiem, Dieva nicinātājiem un varmākām, augstprāšiem, balamutēm, ļaunuma izgudrotājiem, vecāku nicinātājiem. Pilni bezprāta un nepastāvības, cietsirdības un nežēlības. Pazīdami Dieva taisno likumu, ka tie, kas tādas lietas dara, ir pelnījuši nāvi, viņi tomēr nevien paši tā dara, bet vēl priecājas par tiem, kas tā dzīvo."

Būtībā šeit ir runāts par to, ka jūs nemantosiet Dieva Valstību, ja darīsiet acīmredzamus miesas darbus. Protams, ka tas nenozīmē, ka jūs nevarat būt glābti, tādēļ ka dažas reizes esat sagrēkojuši mazticības dēļ.

Tas nenozīmē, ka jaunatgrieztie, kuri nav pilnībā iepazinuši patiesību, vai tie, kuru ticība vāja, nesaņems glābšanu tikai tādēļ, ka viņi vēl nav atbrīvojušies no miesas darbiem. Visiem ļaudīm ar nenobriedušu ticību ir vājības, bet cerot uz Kunga Asinīm, viņi var saņemt savu grēku piedošanu. Ja viņi neatteiksies no miesas darbiem un turpinās darīt tos, tad viņi nevarēs saņemt glābšanu.

Grēki, kas ved pie nāves.

Jāņa vēstulē 5:16-17, teikts: „Ja kāds redz savu brāli darām grēku, kas nav nāves grēks, tas, lai lūdz Dievu, un Viņš tam dos dzīvību, proti tādiem, kas nedara nāves grēku. Ir nāves grēks, par to es nesaku, lai lūdz. Katra netaisnība ir grēks, bet ir grēks, kas nav nāves grēks." No rakstiem mēs uzzinām, ka ir tādi grēki, kas ved nāvē, bet ir arī tādi grēki, kuri neved nāvē.

Tātad, kas tie ir par grēkiem, kuri ved nāvē, kuri liedz jums tiesības mantot Debesu Valstību?

Vēstulē Ebrejiem 10:26-27, teikts: „Jo ja mēs pēc patiesības atziņas saņemšanas tīši grēkojam, tad neatliek vairs upuris par grēkiem. Bet gan briesmīga tiesas gaidīšana un uguns karstums, kas aprīs pretinieku." Ja mēs turpinām grēkot, tad mēs ar to pašu saceļamies pret Dievu. Dievs nedos grēku nožēlas garu tādam cilvēkam.

Vēstulē Ebrejiem 6:4-6, tāpat rakstīts: „Jo ir neiespējami tos, kas reiz apgaismoti un baudījuši Dieva dāvanas, un kļuvuši Svētā Gara dalībnieki, un baudījuši labo Dieva Vārdu un nākamās pasaules spēkus un krituši, atkal vest pie atgriešanās, jo tie sev Dieva Dēlu sit krustā un liek smieklā. " Ja jūs pretojaties Dievam, uzzinājuši patiesību un saņēmuši pie sevis Svētā Gara darbus, tad jums nebūs dots grēku nožēlas gars, un jūs neiegūsiet glābšanu.

Nosaucot Svētā Gara darbus par velna darbiem un maldiem, jūs tāpat nevarat būt glābti, tādēļ ka tā ir Svētā Gara zaimošana, pretošanās Viņam (Mateja 12:31-32).

Mums jāsaprot, ka ir grēki, kuri nevar būt piedoti un nekad nedarīt tos. Bez tā, arī parastie grēki, ja tos krāt, var pāraugt nāves grēkos. Tādēļ mums pastāvīgi jābūt patiesībā.

5. Audzēšana.

Cilvēces audzēšana ietver visus procesus – no Dieva radītā cilvēka uz šīs zemes un cilvēces vēstures gaitas vadīšanu un līdz pat Tiesai; tā visa mērķis – patiesu Dieva bērnu iegūšana.

Fermerim audzēšana – tas ir process, kura gaitā viņš, pūloties vaiga svieros, sēj sēklu, izaudzē to un novāc ražu. Dievs arī iesējis uz šīs zemes pirmās sēklas, Ādamu un Ievu, un viņš audzēja tos uz šīs zemes Sava vaiga sviedros, lai ievāktu „ražu" – īstus bērnus. Dievs paredzēja, ka nepaklausība novedīs ļaudis pie bojāejas, un, ka Viņš bēdāsies par viņiem. Bet Viņš audzē ļaudis līdz šai dienai, zinot, ka saņems īstus bērnus, kuri aiz mīlestības pret Dievu novērsīsies no ļaunuma un iegūs Dieva sirdi.

Ļaudis radīti no zemes pīšļiem, tādēļ viņu dabā ir īpašības, kas raksturīgas augsnei. Ja jūs iesēsiet sēklu, tad tā izdīgs, nobriedīs un nesīs augļus. Mēs redzam, ka zemei dots spēks jaunas dzīvības radīšanai. Un vēl, bez tam, augsnes īpašības mainās atkarībā no tā, kas viņai pievienots. Tas pats notiek arī ar ļaudīm. Tie, kas bieži dusmojas, krāj naidu savā raksturā. Meli pavairojas to raksturā, kas bieži melo. Pēc tam, kad Ādams izdarīja grēku, viņš un viņa pēcnācēji kļuva miesīgi ļaudis, un nepatiesība ļoti ātri mainīja viņu dabu.

Šī iemesla dēļ ļaudīm jāapstrādā savas sirdis, viņiem nepieciešams atdzemdināt gara sirdi, caur cilvēces audzēšanas procesu. Cilvēces audzēšanas mērķis uz šīs zemes ir sirds kultivēšana un tās tīrības atjaunošana, kas bija Ādamam līdz grēkā krišanai. Dievs devis mums Bībelē līdzību par sējēju, lai mēs varētu saprast Viņa nodomus audzējot cilvēci (Mateja 13; Marka 4; Lūkas 8).

Miesas formēšanās

Mateja Evaņģēlijā 13. nodaļā Jēzus salīdzina ļaužu sirdis ar ceļmalas augsni, ar akmeņainām vietām, ar ērkšķainu un labu zemi. Mums jāpārbauda, kāda augsne mums iedota, un uzarot to, jādara par labu zemi, kā to grib Dievs.

Četri sirds augsnes tipi.

Pirmkārt, zeme ceļmalā parasti ir cieta, jo tā ilgu laiku ļaužu nobradāta. Īstenībā tā jau pat vairs nav augsne tādēļ sēklas tajā neaug. Tā ir bez dzīvības.

Augsne ceļmalā, garīgā nozīmē simbolizē sirdi, kura pilnībā nepieņem Evaņģēliju. No egoisma un augstprātības tādu ļaužu sirdis tiek nocietinātas, ka Evaņģēlija sēkla tajās vienkārši netiek pieņemta. Jēzus laikos, Eiropas tautu līderi stūrgalvīgi un nepiekāpīgi turējās pie savām tradīcijām, noraidīja Jēzu un Evaņģēliju. Šodien tie, kuru sirds augsne līdzinās ceļmalas augsnei ir stūrgalvīgi līdz pat tādai pakāpei, ka pazaudējot veselo saprātu, noraida Evaņģēliju, pat ja viņiem parādīts Dieva spēks.

Zeme ceļmalā tik cieta, ka tajā nevar iesēt sēklu. Tādēļ putni atlido un noknābā sēklas. Šeit putni simbolizē sātanu. Sātans nozog Dieva Vārdu, lai ļaudis nevarētu iegūt ticību. Viņi nāk uz baznīcu, ja viņus uzstājīgi aicina tur, bet viņi negrib sludinātajam Dieva vārdam ticēt. Viņi spriež par mācītāju vai svētrunām, balstoties uz savām pašu idejām. Cilvēks ar cietu sirdi, aizvērts pret visu jauno, beigu beigās nevarēs saņemt glābšanu, tādēļ ka Vārda sēklas, kas viņā sētas, nenesīs augļus.

Otrkārt, akmeņainas vietas, kuras ir nedaudz labākas, kā ceļmalas zeme. Cilvēks ar sirdi kā ceļmalas zeme, nevar pieņemt Dieva Vārdu; bet tas, kura sirds salīdzināta ar akmeņainām vietām, saprot Viņa Vārdu, kad dzird. Ja jūs esat iesējuši sēklu akmeņainās vietās, tad tā daļēji te šeit, te tur uzdīgs, bet nevarēs izaugt. Marka Evaņģēlijā 4:5-6, teikts: „Un cita krita uz akmenāju, kur tai nebija daudz zemes, un tā uzdīga tūdaļ, tāpēc ka tai nebija dziļas zemes. Bet, kad saule bija uzlēkusi, tad tā savīta un nokalta, tāpēc ka tai nebija saknes."

Tie kuru sirdis līdzinās akmenājam, saprot Dieva Vārdu, bet nevar to pieņemt ar ticību. Marka Evaņģēlijā 4:17, teikts: „Bet tiem nav saknes sevī, un tikai kādu laiku tie ir ticīgi. Kad bēdas un vajāšanas uziet vārda dēļ, tad viņi tūlīt apgrēkojas." Šeit „vārds" norāda uz Dieva Vārdu, kurš pavēl mums arī ievērot Kunga Dienu, maksāt desmito, nepielūgt elkus, kalpot citiem un apvaldīt sevi. Kad viņi klausās Dieva Vārdu, viņi domā, ka pildīs Viņa Vārdu, bet viņi nevar turēt savus apsolījumus, kad saduras ar nepatikšanām. Viņi priecājas, kad saņem Dieva svētību, bet viņu garastāvoklis ātri mainās, kad pienāk grūti laiki. Kaut arī viņi klausījušies un zina Viņa Vārdu, viņiem nav spēka pielietot savas zināšanas praksē, tādēļ ka Viņa Vārds nebija izaudzēts viņu sirdīs par stipru ticību.

Miesas formēšanās

Treškārt tie, kam sirds, ir kā ērkšķains lauks, saprot Dieva Vārdu un sāk pielietot to praksē. Bet viņi nevar līdz galam izpildīt Dieva Vārdu, un labos augļus viņi tāpat nenesīs. Marka 4:19, teikts: „Un šīs pasaules rūpes un bagātības viltība un citas kārības iemetas un noslāpē vārdu, un tas kļūst neauglīgs."

Ļaudis ar tamlīdzīgu sirds augsni liekas labi ticīgie, kuri pilda Dieva Vārdu, bet viņi vēl joprojām iet caur testiem un pārbaudījumiem un lēni aug garīgi. Iemesls tam ir tajā, ka piemānīti ar šīs pasaules rūpēm, bagātības vilinājumiem un kāri kļūt bagātāki, viņi nejūt pie sevis Dieva spēka darbus. Pieņemsim, ka viņu komercdarbība ir nobankrotējusi un viņus var pat ielikt cietumā. Šajā gadījumā, ja sātans pacentīsies viņus iekārdināt, un viņiem parādīsies iespēja izmaksāt parādus ar nelielu viltību, tad viņi visdrīzāk padosies kārdinājumam. Dievs varēs palīdzēt tikai pie tāda nosacījuma, lai cik grūti viņiem nebūtu, viņi stāv uz taisnīga ceļa un nepadodas sātana kārdinājumiem.

Pat, ja viņiem būs vēlme pakļauties Dieva Vārdam, īstenībā, viņi to nevarēs izdarīt ar ticību, jo viņu prāts piepildīts ar cilvēcīgiem spriedelējumiem. Šie ļaudis lūdzas, sakot, ka visu ieliek Dieva rokās, bet patiesībā viņi vispirms paļaujas uz personīgo pieredzi un savām idejām. Viņi darbojas pēc sava plāna, tādēļ viņu darbi neveicas, lai arī sākumā šķiet, ka viss viņiem kārtojas veiksmīgi. Jāņa vēst. 1:8, par viņiem runāts, kā par ļaudīm divējādu dabu.

Ja parādījušās tikai dažas ērkšķu atvases, tad var likties, ka tās neradīs īpašu kaitējumu. Bet, kad tie izplešas, tad tā jau ir pavisam cita situācija. Ērkšķu krūmi nomāc labo sēklu augšanu. Tādēļ, ja ir kaut kādas apslēptas sākotnes tam, kas traucē mums paklausīt Dieva Vārdam, mums tas nekavējoties jānovērš, pat ja tās vēl šķiet nemanāmas.

Ceturtkārt, ir laba zeme, auglīga zeme ko fermeris uzar. Tā jau vairs nav cieta, bet irdena augsne, no kuras novākti akmeņi un ērkšķi. Tāda sirds augsne nozīmē, ka jūs novēršaties no lietām, par kurām Dievs saka, lai mēs tās atmetam. Nav ne akmeņu, ne vairs kādas citas pretestības, tādēļ ka Dieva Vārds iesējas tādā sirdī un nes augļus 30,60 vai 100 reizes vairāk par to, kas iesēts. Tādi ļaudis saņem atbildes uz savām lūgšanām.

Cik labi ir iekopta mūsu sirds augsne un, vai tā ir laba zeme var noteikt apskatoties, kā mēs praksē pielietojam Dieva Vārdu. Jo vairāk labas zemes jūs iestrādāsiet, jo vieglāk jums būs dzīvot pēc Dieva Vārda. Daži ļaudis zina Viņa Vārdu, bet viņi to praksē nevar pielietot, dēļ noguruma, slinkuma, domām un vēlmēm, kas pretojas patiesībai. Tiem, kam ir laba sirds augsne nav pretestības, tādēļ viņi var saprast un pildīt Dieva Vārdu, kā tikai dzirdējuši to. Tikko viņi saprot, kas ir Dieva griba un, kas patīk Dievam, viņi tūdaļ arī to dara.

Kad jūs iekopjat savas sirdis, tad mīlat tos, ko iepriekš

neieredzējāt. Jūs varēsiet piedot tiem, kuriem agrāk piedot nevarējāt. Skaudība un nosodīšana pārvērtīsies mīlestībā un žēlsirdībā. Augstprātīgais prāts mainīsies kļūstot par lēnprātīgu un paklausīgu. Attīrīties tādā veidā no ļaunuma, veikt sirds apgraizīšanu – nozīmē uzlabot savu sirdi, padarot to par labu zemi. Tad Dieva Vārda sēkla, nokļuvusi labā sirds augsnē, tiks pieņemta un ātrāk augs, pienesot deviņus Svētā Gara augļus un Gaismas augļus.

Izmainot savu sirdi un darot to par labu zemi, jūs saņemsiet no Augšienes garīgo ticību. Jūs tāpat varēsiet dedzīgi lūgties, lai saņemtu no Augšienes Dieva spēku, skaidri sadzirdēt Svētā Gara balsi un piepildīt Dieva gribu. Šie ļaudis arī ir cilvēces audzēšanas augļi, kurus Dievs vēlas ievākt.

Trauka raksturs – tas ir sirds tīrums.

Viens no svarīgiem kritērijiem mūsu sirds pilnveidošanā ir trauka tips. Trauka kvalitāte atkarīga no tā materiāla tipa no kura izgatavots trauks. Tas redzams pēc tā, kā cilvēks uzņem Dieva Vārdu, glabā to atmiņā un lieto praksē. Bībele salīdzina dažāda tipa traukus; zelta un sudraba, koka un māla (2. vēst. Timotejam 2:20-21).

Klausoties sludināto Dieva Vārdu, ļaudis to dažādi uzņem. Daži pieņem to, sakot „āmen", tajā laikā, kad citiem viss, kas nesakrīt ar viņu domām neturas atmiņā. Daži klausās Vārdu ar atvēru sirdi un cenšas pielietot to, bet citiem rodas sajūta, ka svētruna nākusi tiem par svētību, bet drīzumā viņi to veiksmīgi aizmirst.

Šīs atšķirības slēpjas dažādos trauku tipos. Kad jūs fokusējaties uz Dieva Vārda svētrunu, kuru dzirdat, tas tiek iesēts jūsu sirdī savādāk, nekā ja jūs klausītos sludināto Dieva Vārdu pussnaudā, nekoncentrējoties. Pat, klausoties to pašu vēstījumu, būs pavisam cits rezultāts, ja jūs koncentrēsieties uz to un saglabāsiet to savos sirds dziļumos.

Apustuļu darbos 17:11, teikts: „Tie bija labvēlīgāki par Tesalonikas jūdiem un vārdu labprāt uzņēma, meklēdami ikdienas rakstos, vai tas tā esot"; bet vēstule Ebrejiem 2:1, mums saka: „Tāpēc mums dzirdētais, jo vairāk jāņem vērā, lai mēs netiktu aizskaloti projām."

Ja jūs uzmanīgi klausaties sludināto Dieva Vārdu, to iegaumējat un pielietojat to praktiskajā dzīvē, tad var teikt, ka jūs esat vērtīgs trauks. Ļaudis ar vērtīga trauka īpašībām ir paklausīgi Dieva Vārdam, tādēļ viņi ātri pārveido savas sirdis labā zemē. Esot ar labu sirds augsni, viņi dabīgi glabās Dieva Vārdu dziļi savā sirdī un dzīvos pēc Dieva Vārda.

Labas kvalitātes trauki spēj iekopt labu zemi, kura savukārt palīdz kultivēt labas trauka īpašības. Lūkas Evaņģēlijā 2:19, teikts: „Bet Marija visus vārdus paturēja prātā, tos pārdomādama savā sirdī"; tas ir Marija bija labs trauks, kas palīdzēja viņai paturēt prātā Dieva Vārdu, un viņa saņēma svētību ieņemt Jēzu no Svētā Gara.

Pirmajā vēstulē Korintiešiem 3:9, teikts: „Jo mēs esam Dieva darba biedri, jūs esat Dieva aramais tīrums, Dieva celtne." Mēs – tīrums, kuru apstrādā Dievs. Mums var būt tīra un laba sirds, līdzīga labai zemei un brīnišķam zelta traukam, un ja mēs klausamies un saglabājam atmiņā Dieva Vārdu un pielietojam to praktiski, tad Dievs varēs lietot mūs Saviem labajiem mērķiem.

Sirds tips – tas ir trauka izmērs.

Eksistē vēl viena koncepcija, kas saistīta ar trauka raksturojumu. Un tā atspoguļo, cik aktīvi cilvēks paplašina savu sirdi un to lieto. Trauka tips runā par trauka materiālu, bet sirds tips liecina par trauka izmēru. Sirds izmēri var būt iedalīti četrās kategorijās.

Pie pirmās kategorijas pieder tie, kas dara vairāk nekā viņiem prasīts. Tas ir pats labākais sirds tips. Piemēram, vecāki paprasījuši bērniem novākt atkritumus no grīdas. Bet bērni ne tikai vienkārši savākuši atkritumus, bet arī uzkopuši istabu. Viņi pārsnieguši to ko gaidīja vecāki, un ar to pašu sagādājuši viņiem prieku. Stefans un Filips bija tikai diakoni, bet viņi bija tik uzticīgi un svēti, kā apustuļi. Viņi bija tīkami Dieva acīs un parādīja lielu spēku un brīnumus.

Pie otrās kategorijas var pieskaitīt tos, kuri dara tikai to, ko viņiem vajadzīgs izdarīt. Tādi ļaudis izpilda to, kas ietilpst viņu pienākumos, bet viņiem nav daļas par to, kas viņiem apkārt. Ja vecāki liek viņiem savākt atkritumus, viņi tos savāc. Viņus var nosaukt par paklausīgiem, bet viņi nevarēs sagādāt Dievam lielu prieku. Daži ticīgie draudzē arī pieder pie šīs kategorijas: viņi vienkārši izpilda savus pienākumus, bet pārējais tiem maz rūp. Tādi ļaudis nevar sagādāt prieku Dieva acīs.

Pie trešās kategorijas pieder ļaudis, kuri visu dara aiz pienākuma jūtām. Viņi tā vietā, lai pildītu savus pienākumus ar prieku un pateicību, žēlojas un kurn. Tādi ļaudis visā parāda negatīvismu, negribīgi pašuzupurējas un palīdz citiem. Ja viņiem uztic uzdevumu, tad viņi to var pildīt aiz pienākuma jūtām, bet, visdrīzāk apkārtējiem šajā gadījumā nepaveiksies. Dievs skatās uz mūsu sirdi. Viņš priecājas, kad mēs izpildām savus pienākumus labprātīgi un ar mīlestību uz Dievu, bet ne piespiesti vai vienkārši pienākuma pēc.

Ceturtajā kategorijā ietilpst tie, kas dara ļaunus darbus. Tamlīdzīgiem ļaudīm nav pienākuma un atbildības jūtas. Pie tam viņi neņem vērā citus. Viņi uzstāj uz savām domām un teorijām un sarežģī pārējiem dzīvi. Ja pie tāda tipa ļaudīm pieder mācītāji vai līderi, kuriem jārūpējas par draudzes locekļiem, tad viņi nevarēs veikt šīs rūpes ar mīlestību, kas novedīs pie dvēseļu zaudēšanas, pie viņu atkāpšanās no ticības. Viņi vienmēr apvainos citus, ja sanāks, kas nelabs un beigu beigās atteiksies no saviem pienākumiem. Tādēļ tādiem ļaudīm jau no sākuma labāk neko neuzticēt.

Un tagad pārbaudīsim, kāda tipa sirds mums pieder. Pat, ja mūsu sirds nav pietiekoši plaša, mēs varam palielināt tās izmēru. Lai to izdarītu mums galvenokārt jādara svētu savu sirdi un jāsaņem labu sirds trauku. Mēs nevaram būt ar pozitīvām sirds īpašībām, ja mums ir sliktas kvalitātes trauks. Ja mēs darām katru lietu, ziedojot sevi, pašaizliedzīgi ar entuziasmu un degsmi, tad tas arī būs ceļš pie labas sirds augsnes izkopšanas.

Ļaudis, kuriem ir labas sirds īpašības var veikt lielus darbus Dieva priekšā un vareni pagodināt Dievu. Tā bija gadījumā ar Jāzepu. Paša brāļi pārdeva viņu uz Ēģipti, un viņš kļuva par Potifara, faraona miesassargu priekšnieka vergu. Bet viņš nesūrojās par savu dzīvi, par to, ka bija pārdots verdzībā. Viņš tik uzticīgi izpildīja savus pienākumus, ka saimnieks viņam uzticēja visas savas mājas pārvaldīšanu. Vēlāk viņš bija nepelnīti apvainots un ieslēgts cietumā, bet viņš palika tik pat uzticīgs, cik bija, un beigu beigās kļuva par Ēģiptes premjerministru. Viņš izglāba valsti un savu ģimeni no smagā sausuma sekām un ielika pamatus

Izraēla valsts formēšanā.

Ja viņš nebūtu ar labu sirds tipu, tad viņš vienkārši izpildītu to, ko viņam uzticēja saimnieks. Viņš pabeigtu savas dienas, kā vergs Ēģiptē, vai nomirtu cietumā. Bet Dievs vareni lietoja Jāzepu, tādēļ ka Dieva acīs viņš darīja visu, ko varēja, pie jebkuriem apstākļiem, ar plašu sirdi.

Kvieši vai pelavas?

Dievs jau sen, no Ādama grēkā krišanas laikiem, audzē cilvēci šajā fiziskajā telpā. Kad pienāks laiks, Viņš atdalīs kviešus no pelavām un ievietos kviešus Debesu Valstībā, bet pelavas – ellē. Mateja Evaņģēlija 3:12, teikts: „Viņam vēteklis ir rokā, un viņš iztīrīs savu klonu un savāks savus kviešus klētī, bet pelavas sadedzinās neizdzēšamā ugunī."

Šajā gadījumā „kvieši" nozīmē tos, kas mīl Dievu un pielieto praksē Viņa Vārdu, dzīvo patiesībā. Bet pelavas, otrādi, simbolizē tos, kas dzīvo ne pēc Dieva Vārda, bet pēc ļaunā likumiem, kas ir naidīgi patiesībai, kas nepieņem Jēzu Kristu un dara miesas darbus.

Dievs vēlas, lai katrs kļūtu par kviešiem un saņemtu glābšanu (1. vēst. Timotejam2:4). Viņa vēlēšanos var salīdzināt ar fermera vēlēšanos ievākt ražu no visām sēklām, kuras viņš iesējis zemē.

Miesas formēšanās

Bet pļaujas laikā ievāktajā ražā noteikti būs arī pelavas; analoģiski tam, ne katrs cilvēks kļūs par kviesi, kuru var izglābt.

Ja mēs neapzināmies šo svarīgo cilvēces audzēšanas aspektu, tad var rasties jautājums: „Runā, ka Dievs – tas ir Mīlestība, tad kādēļ Viņš vienus glābj, bet citus nolemj bojāejai?" Bet cilvēka glābšana nav atkarīga no Dieva vēlmēm. Tā ir atkarīga no katra brīvas izvēles. Katram, kurš dzīvo šajā fiziskajā pasaulē, pašam jāizdara izvēle starp Debesīm un elli.

Mateja Evaņģēlijā 7:21, Jēzus teica: „Ne ikviens, kas man saka: Kungs, Kungs! – ieies Debesu valstībā, bet tas, kas dara mana debesu Tēva gribu," un Mateja 13:49-50 tāpat teikts: „Tā būs laiku beigās: eņģeļi izies un nošķirs ļaunos no taisnajiem un iemetīs tos ugunīgā kurtuvē – tur būs vaimanas un zobu griešana."

Šajā fragmentā ar vārdu „taisnais" tiek domāti ticīgie. Tas nozīmē, ka Dievs nošķirs pelavas no kviešiem arī starp ticīgajiem. Pat tad, ja viņi pieņēmuši Jēzu Kristu un apmeklējuši baznīcu, viņi tik un tā paliek grēcinieki, ja viņi neseko Dieva gribai. Viņi ir tikai pelavas, kuras būs iemestas elles ugunīs.

Bībelē Dievs mūs māca, kā iepazīt Dieva Radītāja sirdi, paredzēto cilvēces audzēšanu un patieso dzīves mērķi. Viņš vēlas, lai mēs izveidotu labu sirds trauku kopā ar labu sirds tipu un kļūtu par patiesiem Dieva bērniem – kviešiem Debesu Valstībā. Tomēr, cik daudz vēl ļaužu tiecas uz bezvērtīgām šīs pasaules lietām, kura piepildīta grēkiem un pārkāpumiem? Un viss tāpēc, ka viņi atrodas zem dvēseles kontroles.

Gars, dvēsele un miess I

2.Daļa

Dvēseles formēšanās
(Dvēseles funkcija fiziskajā telpā)

No kurienes nāk ļaužu domas?

Vai mūsu dvēsele zeļ?

„... Mēs apgāžam prātojumus un visas augstprātīgās iedomas, kas paceļas pret Dieva atziņu, un uzvaram visus prātus, lai tie ir Kristum paklausīgi, un esam gatavi nosodīt visu nepaklausību, kad jūsu paklausība būs tapusi pilnīga"
(2. Vēst. Korintiešiem 10:4-6).

1. Nodaļa
Dvēseles formējums

No tā laika, kad cilvēka gars nomira, uz laiku, kamēr cilvēks dzīvo fiziskajā telpā, viņa dvēsele ieņem valdošo stāvokli. Dvēsele nokļuva sātana ietekmē un sākās dvēseles funkcionēšanas process cilvēkā.

1. „Dvēseles noteikšana."

2. Dažādās dvēseles funkcijas fiziskajā telpā.

3. Tumsa.

Dieva radīšanas brīnumus var ieraudzīt vērojot tādas būtnes, kā sikspārņi, kuri atrod savu medījumu izmantojot eholokācijas sistēmu; vai ieraugot kā, piemēram, laši vai dažādi putni attālinājušies no savām dzimtām vietām tūkstošiem kilometru, nekļūdīgi atrod ceļu atpakaļ; vai kā dzenis kaļ koku, veicot līdz tūkstoš sitieniem minūtē.

Ļaudis bija radīti, lai valdītu pār visiem šiem radījumiem. Fiziski cilvēks izskatās tālu ne tik spēcīgs, kā lauva vai tīģeris. Dzirde un oža ļaudīm nav tik attīstīta kā, teiksim, suņiem. Un tomēr, cilvēks nosaukts par visas radības kungu.

Iemesls tam ir tajā, ka ļaudīm ir gars un spēja domāt, jo viņu smadzenes funkcionē augstākā līmenī. Viņiem ir intelekts un spēja attīstīt zinātni un civilizāciju un valdīt pār visu. Šī domāšanas spēja cilvēkam saistās ar dvēseli.

1. „Dvēseles" noteikšana.

Cilvēka atmiņas uzbūve, zināšanas, kuras glabā viņa smadzenes un domas, tas ir spēja iegūt šīs zināšanas, - viss tas kopā saucās „dvēsele."

Mums labi jāsaprot gara, dvēseles un ķermeņa saikne, lai pareizi saprastu, kādas ir dvēseles funkcijas. Un tas palīdzēs mums atjaunot tās dvēseles funkcijas, kuras atbilst Dieva vēlmēm. Lai sātans nevarētu kontrolēt mūs caur dvēseli, mūsu garam jāieņem saimnieka stāvoklis un jāvada mūsu dvēsele.

Skaidrojošā vārdnīca „Merriam Vebster" dod sekojošu dvēseles skaidrojumu: „nemateriāla būtība, iedvesmojošais princips vai cilvēka dzīves virzītājs; garīgā cilvēka, visu fizisko un garīgo būtņu sastāvdaļa visumā." Taču Bībeles vārda „dvēsele" jēga atšķiras no šī skaidrojuma.

Dievs ir apveltījis cilvēku ar atmiņu. Smadzenēm ir spēja atcerēties visdažādāko informāciju. To lietojot ļaudis var iegūt, saglabāt un radīt informāciju. Informācijas radīšanu sauc par „domāšanu". Tas ir – „domāt" nozīmē atcerēties un radīt zināšanas nofiksējot tās atmiņā. Cilvēka atmiņas uzbūve, zināšanas, kas tajā glabājas un jaunu sakopoto zināšanu radīšana – viss tas kopā saucas par „dvēseli".

Cilvēka dvēseli var salīdzināt ar datora atmiņas cieto disku, kurā var saglabāt un lietot ievadītos datus. Ļaudīm ir dvēsele, tādēļ viņi var atcerēties un domāt, tā ka dvēsele ir tik pat svarīga, kā arī cilvēka sirds.

No tā, ko tieši cilvēks redz, dzird, uztver, no tā, cik viņš atceras un piemēro viņa atmiņā ieliktās zināšanas, atkarīga viņa smadzeņu darbības efektivitāte un viņa intelekts, kurš atšķir viņu no citiem ļaudīm. Prāta attīstības koeficents IQ, galvenokārt tiek mantots, bet tas tāpat mainās dažādu faktoru ietekmē, kā izglītība un pieredze. Prāta attīstības koeficents diviem cilvēkiem, kas bija piedzimstot vienāds, var mainīties atkarībā no katra cilvēka pūlēm.

Dvēseles funkciju svarīgums.

Dvēseļu funkciju atšķirības atkarīgas no tā, kādu informāciju satur atmiņa. Katru dienu ļaudis kaut ko redz, dzird, jūt un daudz ko no tā iegaumē. Vēlāk, plānojot savu nākotni vai domājot par kaut ko, viņi atceras par šīm lietām, mēģinot atšķirt pareizo no nepareizā.

Ķermenis līdzinās traukam, kurš satur sevī garu un dvēseli. Dvēsele pateicoties domāšanas procesam, izrāda nopietnu ietekmi uz cilvēka rakstura formēšanos, viņa personību un viņa sprieduma standartiem. Veiksme un cilvēka neveiksmes daudzās lietās atkarīgas no dvēseles funkcijām.

1920. gadā Kodamurā – nelielā ciematā, kas izvietots 110 kilometrus uz dienvidrietumiem no Indijas pilsētas Kalkutas notika šāds atgadījums. Mācītājs Singhs un viņa sieva, atbraukuši tur kā misionāri, padzirdēja no vietējiem iedzīvotājiem par monstriem, kas līdzīgi cilvēkiem, bet dzīvo ar vilkiem alā. Monstri, kurus mācītājs Singhs vēlāk noķēra izrādījās divas meitenītes.

Saskaņā ar dienasgrāmatas, kuru rakstīja mācītājs Singhs, pierakstiem, meitenes tikai ārēji atgādināja cilvēkus. Bet viņu uzvedība bija tāda pat kā vilkiem. Drīzumā viena no meitenēm nomira, bet otra, kuru nosauca par Gamāru, nodzīvoja Singhu ģimenē deviņus gadus. Viņa nomira no vienas no asins saindēšanās formām – urēmijas.

Visu dienu Gamāra, piespiedusies pie tumšās istabas sienas snauda, paliekot nekustīga. Taču naktī, viņa kā īsts vilks, rāpoja pa māju un izdvesa kaucienus, kuri bija dzirdami tālu. Viņa ēda nepieskaroties ēdienam ar rokām. Viņa skraidīja kā uz četrām „ķepām", balstoties uz kājām un rokām, atdarinot vilkus. Ja kāds no bērniem pienāca pie viņas, viņa rūca, rādot zobus un gāja prom.

Singhu ģimene pūlējās audzināt meiteni – vilku, lai viņa kļūtu par normālu cilvēku, bet tas nebija vienkārši. Tikai pēc trīs gadiem viņa sāka ēst ar rokām, bet pēc pieciem gadiem, pēc viņas sejas izteiksmes varēja noteikt vai viņa ir priecīga vai bēdīga. Pirms nāves Gamāra iemācījās izrādīt dažas primitīvas emocijas, bet tas bija līdzīgi tam, kā suņi ieraugot savu saimnieku priecājas luncinot asti.

Šis stāsts runā mums par dvēseles tiešo ietekmi uz cilvēka veidošanās procesu. Gamāra izauga vērojot vilku uzvedību. Tā kā viņai nebija pieejas zināšanām, kas nepieciešamas cilvēka attīstībai, viņas dvēsele neattīstījās. Viņu izaudzināja vilki, tādēļ viņai nekas cits neatlika, kā uzvedībā līdzināties vilkiem.

Atšķirība starp cilvēkiem un dzīvniekiem.

Cilvēks sastāv no gara, dvēseles un ķermeņa. Un galvenā no šīm sastāvdaļām ir gars. Dievs, Kurš ir Gars, deva ļaudīm garu, kurš nekad nevar tikt apdzēsts. Ķermenis nomirst un no jauna kļūst par pīšļu sauju, bet gars un dvēsele paliek un dodas vai nu uz Debesīm, vai uz elli.

Kad Dievs radīja dzīvniekus, Viņš neiepūta viņos, kā cilvēkos, dzīvības dvašu, tādēļ dzīvnieki sastāv tikai no ķermeņa un dvēseles. Dzīvnieku smadzenes tāpat apveltītas ar atmiņu. Viņi var atcerēties to, ko viņi redzējuši un dzirdējuši dzīves laikā. Bet tā kā viņiem nav gara, tad viņiem nav garīgās sirds. Tādēļ viss, ko viņi redz un dzird, fiksējas galvas smadzeņu šūnās un glabājas atmiņas nodalījumā, kas atbild par informācijas uzglabāšanu.

Sālamans māc. 3:21, teikts: „Kas zina ko no cilvēka dzīves dvašas – vai tā ceļas augšup gaisā, un vai dzīvnieka dzīvības dvaša nolaižas lejup zemē?" Šajā pantā runāts par cilvēka dvašu. Bet šajā gadījumā ar vārdu „dvaša" domāta cilvēka dvēsele, tādēļ ka Vecās Derības laikos, līdz Kristus atnākšanai uz šo zemi, cilvēka gars palika nomiris. Tādēļ, kad kāds mira, vai viņš bija izglābts vai nē, teica, ka dvēsele viņu atstājusi. Cilvēka dvēsele paceļas uz augšu, un tas nozīmē, ka dvēsele nepazūd, bet dodas vai nu uz Debesīm vai uz elli. No otras puses pateikts, ka dzīvnieku dvaša nolaižas lejup, zemē, ar to domāts, ka viņu dvēsele izgaist. Kad mirst dzīvnieki, tad viņu smadzeņu šūnas pārstāj eksistēt kopā ar to, ko satur viņu atmiņa. Viņu dvēsele pārstāj funkcionēt. Dažos mītos vai stāstījumos runāts par to, ka melnie kaķi vai čūskas atriebjas ļaudīm, bet tas viss – tikai izdomājumi.

Dzīvniekiem arī ir noteiktas dvēseles funkcijas, bet viņi ierobežoti tikai ar tām funkcijām, kas nepieciešamas izdzīvošanai. Viņu rīcību diktē instinkti. Viņiem ir instinktīvas nāves bailes. Viņi var parādīt pretošanos vai nobīties, ja tiem draud briesmas, bet viņi nav spējīgi uz atriebību. Dzīvniekiem nav gara, tādēļ tie nekad nemeklēs Dievu. Vai zivis peldošā upē sāks domāt par satikšanos ar Dievu? Bet cilvēciskās dvēseles funkcijas pieder pie pavisam citas dimensijas, un tās daudz sarežģītākas nekā dzīvniekiem. Ļaudis spējīgi domāt ne tikai par lietām, kuras nodiktētas tikai vienīgi ar izdzīvošanas instinktu. Viņi spēj attīstīt civilizāciju, aizdomāties par dzīves jēgu un attīstīt filozofiskas vai reliģiskas idejas.

Cilvēka dvēsele funkcionē augstākā līmenī, tādēļ ka bez ķermeņa un dvēseles, viņiem ir arī gars. Pat ļaudīm, kas netic

Dievam, ir gars. Tas kaut kādā pakāpē izskaidro, kāpēc viņi, lai arī neskaidri, bet tomēr jūt garīgo pasauli un izjūt bailes pēcnāves dzīves priekšā. Bet tā kā viņu gars praktiski nedzīvs, viņi pilnībā atrodas zem savas dvēseles kontroles. Dvēseles vadīti viņi izdara grēkus un beigu beigās iet uz elli.

Cilvēks, kuru vada dvēsele.

Ādams bija radīts kā garīga būtne, kas spēj būt sadraudzībā ar Dievu. Tas ir, viņa gars bija saimnieks, bet dvēsele, kā kalps, paklausīja garam. Protams arī tad dvēselei piederēja funkcijas domāt un atcerēties, bet tā kā apkārt nebija nepatiesības un ļaunu nodomu, dvēsele sekoja tikai gara norādījumiem, kurš savukārt paklausīja Dieva Vārdam.

Bet pēc tā, kad Ādams ēda augli no laba un ļauna atzīšanas koka, un viņa gars kļuva miris, viņš kļuva par cilvēku, ko vada dvēsele, kuru kontrolē sātans. Ādamam parādījās nodomi un darbi, kas bija nepatiesības iedvesti. Pašreizējā laikā ļaudis arvien vairāk un vairāk attālinās no patiesības, jo sātans, vadot viņu dvēseli, ved tos pa ceļu, kas naidīgs patiesībai. Secinām, ļaudis pār kuriem valda dvēsele – tie ir ļaudis, kuru gars ir miris un nevar saņemt garīgās zināšanas no Dieva.

Ļaudis ar mirušu garu, pakļaujas dvēselei un nevar saņemt glābšanu. Tā notika ar Ananiju un Safīru no Pirmās draudzes. Viņi ticēja Dievam, bet viņu ticība nebija patiesa. Sātana sakūdīti, viņi meloja Svētajam Garam un Dievam. Un, kas tad ar viņiem notika?

Apustuļu darbos 5:4-5, mēs lasām: „... Tu neesi melojis cilvēkiem, bet Dievam. Dzirdēdams šos vārdus Ananija pakrita un nomira, un lielas bailes pārņēma visus, kas to dzirdēja."

Pat vienīgi no šiem vārdiem „pakrita un nomira" mēs varam secināt, ka Ananija nebija izglābts. Pretstatā viņam Stefans bija garīgs cilvēks, paklausīgs Dieva gribai. Viņa mīlestība bija tik liela, ka viņš varēja lūgties pat par tiem, kas viņu nomētāja ar akmeņiem. Viņš ielika savu garu Kunga rokās mirstot mocekļa nāvē.

Apustuļu darbos 7:59, teikts: „Tie nomētāja Stefanu akmeņiem, kas sauca un sacīja: „Kungs Jēzu, pieņem manu garu!" Pieņemot Jēzu Kristu, viņš saņēma dāvanā Svēto Garu, un viņa paša gars bija atdzimis, tādēļ viņš lūdzās, prasot: „... pieņem manu garu." Tas nozīmē, ka viņš bija izglābts. Ir panti, kuros minēts vārds „dzīvība", bet ne „dvēsele" vai „gars". Kad Elija uzcēla no mirušiem Sareptas atraitnes dēlu, bija teikts, ka pie viņa atgriezās dvēsele: „Un Tas Kungs paklausīja Elijas balsij un Viņš lika bērna dvēselei atkal atgriezties tanī atpakaļ, un tas atdzīvojās" (Pirmā Ķēniņu 17:22).

Kā jau bija teikts Vecās Derības laikos ļaudīm vēl nebija dots Svētais Gars, tādēļ viņu gars nevarēja atdzimt. Un tādēļ Bībelē pieminēts vārds „dvēsele", lai arī bērns bija glābts.

Kādēļ Dievs pavēlēja iznīcināt visus Amalekiešus?

Izraēliešiem izejot no Ēģiptes un ejot uz Kānaānas pusi, Amalekiešu armija nostājās uz viņu ceļa. Viņi nenobijās no Dieva, Kurš bija ar Izraēla dēliem, pat pēc tam, kad bija dzirdējuši par lielajiem Dieva darbiem, kas darīti Ēģiptē. Viņi uzbruka Izraēliešiem no aizmugures un nogalināja visus, kas bija vārguma dēļ atpalikuši un noguruši (5. Mozus 25: 17-18).

Tādēļ Dievs pavēlēja ķēniņam Saulam iznīcināt visus Amalekiešus (1. Samuēla 15). Dievs pavēlēja viņam nodot nāvē visus no vīra līdz sievai un bērniem, nesaudzēt ne jaundzimušos, ne vecos un pat iznīcināt visus mājlopus.

Esot bez priekšstata par garu, mēs nesapratīsim tamlīdzīgu pavēli. Kāds var uzdot jautājumu: „Dievs ir labs, un Viņš ir Mīlestība. Kādēļ tad Viņš tik nežēlīgi liek nogalināt ļaudis, it kā viņi būtu dzīvnieki?"

Bet, ja jūs sapratīsiet notikušā garīgo nozīmi, tad jūs sapratīsiet, kādēļ Dievs pavēlēja tā darīt. Dzīvniekiem arī ir spēja atcerēties, tādēļ viņi padodas apmācībai, atceroties saimnieka komandas, un viņi tam paklausa. Bet tā kā viņos nav gara, viņi atkal pārvēršas pīšļu saujā. Dieva acīs viņiem nav nekādas vērtības. Tieši tāpat arī tie, kuru gars ir miris un, kas nevar būt glābti, būs iegrūsti ellē un līdzīgi bezgara dzīvniekiem, viņiem nav nekādas vērtības priekš Dieva.

Pie tam vēl Amalekieši bija viltīgi un cietsirdīgi. Lai arī, cik viņiem dotu laiku, iespējas, ka viņi nožēlotu grēkus un mainītos, tas ne drusciņas nepalielinātu. Ja kaut viens no viņiem būtu taisns vai būtu kaut mazākā varbūtība, ka kāds nožēlotu grēkus un atstātu savu ļauno ceļu, Dievs pacenstos tos izglābt par jebkuru cenu. Atcerieties, Dievs apsolīja, ka neiznīcinās Sodomu un Gomoru, ja tur atradīsies kaut vai desmit taisno.

Dievs ir žēlsirdīgs un pacietīgs. Taču iespējas, ka Amalekieši ar laiku varēs iegūt glābšanu, nebija nekādu. Viņi nebija kvieši, viņi bija pelavas, kurām jātiek iznīcinātām. Tādēļ Dievs pavēlēja iznīcināt Amalekiešus, kuri sacēlās pret Dievu.

Salamans mācītājs 3:18, saka: „Tad es savā sirdī nodomāju; tas ir cilvēka bērnu dēļ, ka Dievs grib viņus pārbaudīt, lai viņi redzētu, ka būtībā viņi ir līdzīgi dzīvniekiem." Dieva pārbaudījums parādīja, ka viņi ne ar ko neatšķiras no dzīvniekiem. Protams, šajā grēcīgajā pasaulē šodien ir ne mazums ļaužu, kuri ir pat sliktāki par dzīvniekiem. Viņi skaidrs, ka nevar būt glābti. No vienas puses ir dzīvnieki, kuri mirst un vienkārši pārvēršas pīšļos. No otras puses ir cilvēki, kuri nesaņēmuši glābšanu dodas uz elli. Un tā, rezultāts viņiem daudz sliktāks, nekā dzīvniekiem.

2. Dvēseles funkcijas atšķirības fiziskajā telpā.

Pirmā cilvēka Ādama saimnieks bija gars, bet grēkā krišanas dēļ, gars kļuva miris. Garīgā enerģija viņā izsīka un tās vietā, to nomainot ienāca miesas enerģija. No šī laika radās dvēseles funkcijas, kas pieder nepatiesībai.

Pastāv divi dvēseles funkciju tipi. Viens no tiem saistīts ar miesu, otrs – ar garu. Kad Ādams bija dzīvs gars, viņš saņēma tieši no Dieva tikai patiesības zināšanas. Tādā veidā viņa dvēseles funkcijas vadīja gars. Tas nozīmē šīs dvēseles funkcijas saistītas ar patiesību. Bet, kad viņa gars pārstāja būt dzīvs, sevi pieteica dvēseles funkcijas, kuras sadarbojās ar nepatiesību.

Lūkas Evaņģēlijā 4:6, teikts: „Un velns Viņam sacīja: „Es Tev došu visu šo varas pilnību un šo godību, jo tā man nodota, un, kam es gribu, tam es to varu dot." Šajā epizodē pastāstīts, kā sātans kārdināja Jēzu. Sātans paziņoja, ka viņam nodota vara, tas ir tā viņam nebija no iesākuma. Ādams bija radīts, kā visas radības pārvaldītājs, bet viņš izdarīja grēku, kļuva par grēka vergu. No tiem laikiem dvēsele sāka vadīt ļaudis, un viņi kļuva pakļauti ienaidniekam, velnam un sātanam.

Sātanam nav iespējas kontrolēt cilvēka garu vai sirdi, kad viņas piepildītas ar patiesību. Viņš kontrolē ļaužu dvēseles, lai nozagtu viņu sirdis. Sātans iedēsta dažādu nepatiesību ļaužu domās. Tādā pat pakāpē, kādā ienaidnieks vadīs ļaužu dvēseļu funkcijas, viņš varēs kontrolēt arī ļaužu sirdis.

Kad Ādams bija dzīvs gars, viņam bija tikai patiesības zināšanas, tādēļ viņa paša sirds bija arī gars. Bet no tā laika, kad viņa sadraudzība ar Dievu bija pārtraukta, viņš vairāk nesaņēma patiesības zināšanas, tas ir garīgo enerģiju. Tā vietā viņš sāka piepildīties ar nepatiesības zināšanām, ar kurām viņu apgādāja sātans caur dvēseli. Šīs nepatiesās zināšanas sāka formēt cilvēkā nepatiesības sirdi.

Izraidīt dvēseles funkcijas, kas saistītas ar miesu.

Vai jums ir bijis tā, ka pēkšņi pasakāt vai izdarāt kaut ko tādu, ko jūs paši no sevis nebijāt gaidījuši? Tas izskaidrojams ar to, ka ļaudis atrodas zem dvēseles kontroles. Tā ka dvēsele bloķē garu, tad mūsu gars var kļūt aktīvs tikai pēc tam, kad mēs novērsīsim dvēseles funkcijas, kurām ir sakars ar miesu. Kā lai mēs novēršam dvēseles funkcijas, kas sadarbojas ar miesu? Pats galvenais – atzīt pašu faktu, ka mūsu zināšanas un idejas ir kļūdainas. Tikai tas darīs mūs gatavus pieņemt patiesības Vārdu, kurš atšķiras no mūsu pašu uzskatiem.

Jēzus izmantoja līdzības, lai apgāztu kļūdainos ļaužu uzskatus (Mateja 13:34). Viņi nevarēja sasniegt garīgo patiesību, jo dzīvības sēkla viņos bija dvēseles noslāpēta, tādēļ Jēzus deva viņiem iespēju saprast to ar līdzību palīdzību, pievedot piemērus, kas ņemti no šīs dzīves. Bet ne farizeji, ne Viņa mācekļi nesaprata

Dvēseles formēšanās

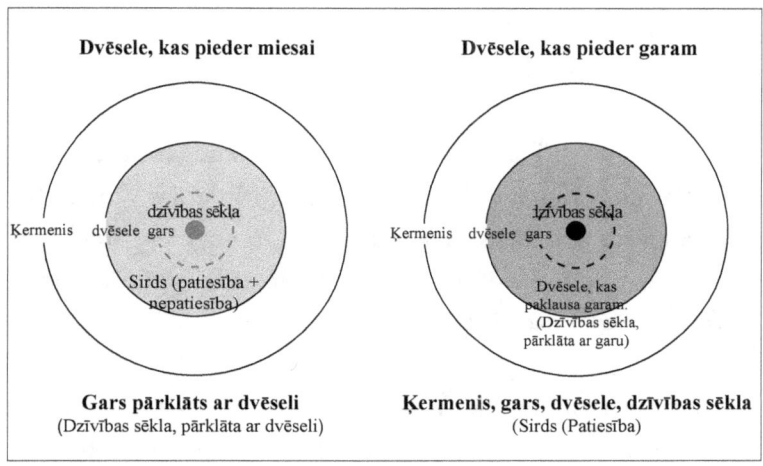

Viņu. Viņi visu traktēja pēc savu ideju izveidotiem standartiem, kas bija viņos nostiprinājušies un miesīgām domām, tādēļ garīgās lietas viņu saprašanai bija nepieejamas.

Tā laika rakstu mācītāji nosodīja Jēzu par cilvēka dziedināšanu Sabatā. Redzot, ka Jēzus parāda spēku, kurš var būt tikai Dieva parādīts, varēja vadīties no veselā saprāta un saprast, ka Dievs atzina un mīlēja Jēzu. Bet vecaju tradīcijas un aprobežotā pašu domāšana traucēja likumu sekotājiem saprast Dieva sirdi. Jēzus centās palīdzēt viņiem apzināties viņu uzskatu un koncepciju maldīgumu.

Lūkas Evaņģēlijā 13:15-16, teikts: „Bet Tas Kungs tam atbildēja: „Jūs liekuļi, vai katrs no jums sabatā neatraisa savu vērsi vai ēzeli no siles, lai to vestu dzirdīt? Un šo sievu, Ābrahāma meitu, kuru sātans turējis saistītu astoņpadsmit gadus, nebūtu brīv atraisīt sabata dienā no viņas saitēm?"

To dzirdot, visi Viņa oponenti bija nokaunināti; ļaužu pūlis priecājās par vareniem darbiem, kurus Viņš darīja. Viņiem bija reāla iespēja apzināties savu aprobežoto uzskatu melīgumu. Jēzus centās apgāzt šo ļaužu domas, lai sagrautu viņu iesīkstējošos uzskatus, jo tikai tad viņi varētu atvērt savas sirdis.

Tagad vērsīsimies pie Atklāsmes 3:20, kur teikts: „Redzi, Es stāvu durvju priekšā un klaudzinu. Ja kas dzird Manu balsi un durvis atdara, Es ieiešu pie viņa un turēšu ar viņu mielastu, un viņš ar Mani."

„Durvis" šajā pantā simbolizē mūsu domu vārtus – mūsu dvēseli. Kungs klauvē pie mūsu domu durvīm ar patiesības Vārdu. Kad mēs atveram savu domu durvis, tas ir, iztukšojam savu dvēseli, piepildām to ar Kunga Vārdu, tajā momentā atveras arī mūsu sirds durvis. Tādā veidā, kad Dieva Vārds ieiet mūsu sirdī, mēs sākam praktiski pielietot Viņa Vārdu. Tas arī nozīmē turēt ar Kungu mielastu. Ja mēs pieņemam Viņa Vārdu sakot „āmen" pat tad, kad Viņa Vārds nesakrīt ar mūsu domām un teorijām, tad mēs varēsim likvidēt tās dvēseles funkcijas, kuras ir pretrunā patiesībai.

Kā jau bija teikts, pirmkārt mums jāatver savu domu durvis, pēc tam savas sirds durvis, lai Evaņģēlijs varētu sasniegt dzīvības sēklu, kuru ieskauj cilvēka dvēsele. Tas ir tāpat, kā cilvēks atnācis pie kāda viesos. Lai satiktos ar saimnieku, viņam jāieiet caur centrālo ieeju, jāieiet ēkā, jāatver durvis un vispirms jāieiet uzgaidāmajā telpā, bet pēc tam viesistabā.

Ir daudzums iespēju likvidēt dvēseles funkcijas, kuras sadarbojas ar miesu. Lai ļaudis atvērtu savu domu durvis un savas sirdis priekš Evaņģēlija, dažiem no viņiem labāk izskaidrot visu loģiski, citiem nepieciešams parādīt Dieva spēku vai vērsties pie alegorijām un līdzībām. Bez tam, tiem, kas jau iepazinuši Evaņģēliju jāpieaug ticībā, nepagurstoši cīnoties ar savas dvēseles funkcijām, kuras saceļas pret patiesību. Ir daudzums ticīgo, kuri necenšas pieaugt ticībā un garā. Tam iemesls ir, ka dvēseles funkcijas, ko izraisa miesa, pretojas viņu garīgai attīstībai.

Atmiņas formēšanās.

Lai dvēseles funkcijas būtu tādas, kā mums gribētos, mums jāsaprot mūsu uztveres un zināšanu uzglabāšanas atmiņā mehānisms. Reizēm mēs ar grūtībām atceramies to, ko redzējām un dzirdējām. Bet reizēm otrādi, atceramies visu ļoti labi un neaizmirstam par to pat paejot ilgam laikam. Šī atšķirība izskaidrojama ar metodēm, kuras bija izmantotas, lai iekļautu informāciju mūsu atmiņā.

Pirmkārt, mūsu atmiņā var palikt tas, ko mēs ieraudzījām uz mirkli. Mēdz būt, ka mēs kaut ko sadzirdējām vai ieraudzījām, bet pavisam nepievērsām tam uzmanību. Pieņemsim, jūs braucat vilcienā uz savu dzimto pilsētu. Jūs redzat laukus, kas apsēti ar graudaugiem. Bet, ja jūsu domas aizņemtas ar kaut ko citu, tad aizbraucot līdz savai vietai, jūs pat neatcerēsieties, ko esat redzējuši pa vilciena logu. Tas pats attiecas arī uz studentiem, ja sēžot klasē, viņi sapņo par kādām blakuslietām, tad vēlāk viņiem grūti būs atcerēties, par ko bija stundā runāts.

Otrkārt, eksistē netiešā atmiņa. Iesēto kviešu lauku skats, no vilciena loga var izraisīt jums atmiņas par jūsu vecākiem. Iespējams, ieraugot šos laikus, jūs sāksiet domāt par savu tēvu, kurš bija fermeris, bet vēlāk jūs neskaidri atcerēsieties, ko redzējāt pa vilciena logu. Tas pats notiek arī ar studentiem, kuri pavirši noklausoties, iegaumējuši to, ko skolotājs runāja. Tūlīt pēc stundas beigām viņi atcerēsies par runāto, bet vēlāk jau pēc dažām dienām, viņi visu aizmirsīs.

Treškārt, eksistē noturīgā atmiņa. Ja jūs arī nodarbojaties ar lauksaimniecību, tad ieraugot tīrumu, apsētu ar kviešiem vai citiem graudaugiem, jūs pievērsīsiet vērīgāku uzmanību tam, ko redzat. Jūs sāksiet rūpīgāk pētīt, kā veidots lauks, kā iekārtotas siltumnīcas, vai šī pieredze būtu derīga jūsu saimniecībai. Tajā laikā, kad jūs vērīgi apskatāt šos laukus, jūsu smadzenes fiksē informāciju, tādēļ jūs atcerēsieties visas ieraudzītās detaļas pat pēc tam, kad nokļūsiet līdz savai pilsētai. Tas pats attiecas uz studentiem. Pieņemsim, klasē skolotājs saka: „Uzreiz pēc šīs stundas būs kontroldarbs. Par katru nepareizu atbildi es atskaitīšu jums piecus punktus." Šajā gadījumā skolnieki, visdrīzāk pacentīsies koncentrēties un iegaumēt visu, ko runā skolotājs. Salīdzinot ar atmiņas veidiem, par kuriem runāts iepriekš, šis atmiņas tips būs ilglaicīgāks.

Ceturtkārt, tā ir emocionālā atmiņa, kad informāciju fiksē kā smadzenes, tā arī sirds. Pieņemsim jūs skatāties bēdīgu filmu. Jūs jūtat līdzi varoņiem, iesaistāties sižetā tādā mērā, ka sākat pat raudāt. Šajā gadījumā darbība nosēdīsies ne tikai jūsu atmiņā, bet arī jūsu sirdī. Līdzīgas situācijas uz ilgu laiku paliek gan atmiņā, gan arī sirdī, ja tikai nenotiks galvas smadzeņu šūnu bojājums. Bet pat pie smadzeņu bojājuma paliek tas, kas nosēdies sirdī.

Vai varat iedomāties, kādā šokā būs bērns, ja viņa acu priekšā, avārijā aizies bojā viņa māte! Šis skats, un tāpat arī pārdzīvotās bēdas nosēdīsies viņa sirdī. Un tā kā tās nofiksējušās vienlaicīgi gan atmiņā, gan sirdī, tad viņam būs grūti to aizmirst. Mēs izskatījām četrus informācijas iegaumēšanas veidus. Skaidrāka saprašana par to palīdzēs mums kontrolēt dvēseles funkcijas.

Tas, ko jūs gribat aizmirst, bet, kas pastāvīgi nāk atmiņā.

Mēdz būt tā, ka mēs visu laiku atceramies to, ko negribam atcerēties. Kāds tam iemesls? Bet iemesls ir tajā, ka šīs atmiņas nosēdušās jūsu smadzenēs un tāpat, kopā ar jūtām jūsu sirdī.

Teiksim, jūs kādu neieredzat. Lai, kad jūs par viņu nepadomātu, jūs mokāties no ienaida. Tādā gadījumā jums, pirmkārt, nepieciešams padomāt par Dieva Vārdu. Dievs liek mums mīlēt pat mūsu ienaidniekus, un Jēzus lūdzās piedošanu tiem, kas Viņu sita krustā. Dievam patīk sirds, kas piepildīta ar labvēlību un mīlestību, tādēļ mums jāattīra no sirds nepatiesība, ko tur iedēstījis ienaidnieks – velns un sātans.

Ja aizdomāties par tā iemeslu, tad vairumā gadījumu izrādīsies, ka mēs izjūtam naidu pret citiem cilvēkiem par kaut kādiem niekiem. Mēs varam atzīt savu neatbilstību Dieva vārdam, paskatoties uz sevi 1. vēstules Korintiešiem 13. nodaļas gaismā, kurā teikts, ka mums nav jāmeklē savu labumu, bet jāparāda pret cilvēkiem žēlastība un sapratne. Kā tikai mēs saprotam savu netaisno rīcību, ienaids pakāpeniski atstāj mūsu sirdi. Ja mēs no paša sākuma ieliksim savā sirdī labestīgas jūtas, tad mums nevajadzēs ciest no netīrām domām. Ja pat citi sāks darīt to, kas jums nepatīk, jūsos vienalga neradīsies pret viņiem ienaids, ja jūs ar labestīgām jūtām padomāsiet: „Kā redzams, viņiem uz to ir iemesls."

Mums jāzina, kas tieši tiek ievadīts kopā ar nepatiesību.

Ko tad mums darīt ar to nepatiesību, kura jau ienākumi mūsos kopā ar jūtām, naidīgām patiesībai?

Ja kaut kas jau iesēts jūsu sirds dziļumos, tad, ja jūs pat

Dvēseles formēšanās

apzināti nedomāsiet par to, tas atgādinās par sevi. Šajā gadījumā mums jāizmaina jūtas, kas saistītas ar šo jautājumu. Tā vietā, lai censtos nedomāt par to, labāk mainīt savas domas. Piemēram, sākt domāt savādāk par to, kuru jūs neieredzat. Paskatieties uz situāciju ar viņa acīm un, iespējams, jūs sapratīsiet, ka viņa stāvoklī tāda uzvedība bija attaisnojama.

Un vēl padomājiet par to labo, kas ir viņā un palūdzaties par viņu. Ja jūs papūlēsieties pateikt viņam siltus un mierinošus vārdus, uzdāvināt nelielu dāvanu, parādīt viņam savu mīlestību darbos, tad ienaidu nomainīs mīlestība. Tad ieraugot viņu, jūs vairāk nemocīsieties.

Kad es septiņus gadus biju slims, pirms pieņēmu Kungu, es neieredzēju daudzus ļaudis. Es biju neārstējami slims un man nebija dzīvē uz ko cerēt. Man auga parādi un mana ģimene praktiski juka. Manai sievai vajadzēja pelnīt dzīvošanai, bet radinieku attieksme bija vēsa pret mūsu ģimeni, tādēļ ka mēs bijām viņiem par nastu.

Iepriekš labās attiecības ar brāļiem arī sabojājās. Tajā laikā es domāju tikai par savu smago situāciju un biju sašutis par to, ka viņi atstājuši mani. Es biju apvainojies uz savu sievu, kura bieži salika mantas un gāja prom, uz viņas ģimenes locekļiem, kuri aizskāra mani ar savu neiejūtību. Katru reizi, kad es redzēju, ka viņi skatās uz mani ar nicinājumu, manī aizvien vairāk pieauga naids un sašutums. Bet vienu brīdi visi šie aizvainojumi un ienaids aizgāja.

Kā tikai es pieņēmu Kungu un iepazinu Dieva Vārdu, es sapratu savu kļūdu. Dievs liek mums mīlēt pat savus ienaidniekus, Viņš atdeva Savu Vienpiedzimušo Dēlu, kā izpirkšanas upuri par mums. Kas es par cilvēku, ja spēju turēt sevī apvainojumus un sašutumu! Es noliku sevi viņu vietā. Pieņemsim, man ir māsa, un viņa apprecējusies ar rīcībnespējīgu cilvēku. Lai nopelnītu dzīvei, viņai nākas smagi strādāt. Kā gan es izturētos tādā situācijā? Kad es par to sāku domāt no viņu redzes viedokļa, tad viņus sapratu un apzinājos, ka visa vaina ir manī.

Kā tikai mainījās mana domāšana, man parādījās pateicības jūtas pret manas sievas radiniekiem. Reizēm viņi atnesa mums rīsus, kaut ko vēl, un es biju viņiem par to pateicīgs. Un, bez tam, pateicoties šīm grūtībām es nācu pie Kunga un uzzināju par Debesīm, par ko būtu jāsaka vēl īpašu paldies. Es sāku domāt savādāk un biju pateicīgs par to, ka saslimu, par to, ka satiku savu sievu. Viss mans naids pārvērtās par mīlestību.

Dvēseles funkcijas, kas saistās ar nepatiesību.

Ja jūsu dvēselei ir funkcijas, kas pieder pie nepatiesības, jūs kaitēsiet ne tikai sev, bet arī apkārtējiem. Tādēļ apskatīsim vistipiskākos piemērus, kad dvēseles funkcijas saistītas ar nepatiesību, kuras bieži sastopamas ikdienas dzīvē.

Pirmkārt, tā ir nepareiza apkārtējo saprašana, nespēja viņus izprast un pieņemt.

Ļaudīm veidojas atšķirīgi priekšstati, vērtējumi un domas par to, kas labi un, kas nav. Daži ļaudis dod priekšroku briljantiem un ekskluzīvam apģērba dizainam, tad, kad citi augsti vērtē vienkāršību un akurātību. Vienu un to pašu filmu kāds uzskatīs par interesantu, bet kāds cits – par garlaicīgu.

Dēļ šīs dažādības mēs varam neapzināti izjust nepatiku pret tiem, kas atšķiras no mums. Viens cilvēks ir ar atklātu, tiešu raksturu un atklāti runās par savām antipātijām. Citam nav tik vienkārši izteikt savas jūtas: viņam vajag laiku, lai smalki izskatītu visas iespējas un kaut ko izlemtu. Cilvēks ar pirmo personības tipu var uzskatīt viņu par lēnīgu un nepietiekami elastīgu. Bet tas savukārt, domās par pirmo, ka viņš pārāk steidzas un ir nedaudz agresīvs un centīsies no viņa izvairīties.

Citiem vārdiem, nespēja saprast un pieņemt citus – tā ir dvēseles funkcija, saistīta ar nepatiesību. Ja jums patīk tikai tas, kas ir patīkams jums, un ja mēs domājam, ka pareizi tikai tas, kas sakrīt ar mūsu uzskatiem, mēs nevarēsim pa īstam saprast un pieņemt citus.

Otrkārt – tā ir tiesāšana.

Tiesāt – nozīmē izdarīt secinājumus par ļaudīm vai

notikumiem sava paša domāšanas vai jūtu rāmjos. Dažās valstīs ir nepieklājīgi šņaukt degunu sēžot pie pusdienu galda. Bet citās tas skaitās pilnīgi pieņemams. Ja cilvēks atstāj kaut ko neapēstu uz šķīvja, tad kaut kur viņu uzskatīs par nepieklājīgu, bet kaut kur tas ir ne tikai pieļaujami, bet arī skaitās laba toņa pazīme.

Viens cilvēks ieraudzījis, kā kāds ēd ar rokām pajautāja viņam: vai viņš nedomā, ka ēst ar rokām nav higiēniski? Tas, kas ēda ar rokām, viņam atbildēja: „Es nomazgāju rokas, tādēļ es skaidri zinu, ka tās ir tīras. Bet lūk, cik tīri nomazgāta dakša un nazis, es nezinu. Tā, ka ēst ar rokām daudz higiēniskāk." Atkarībā no tā, kādos apstākļos mēs esam auguši, ko iemācījušies, mēs jutīsim un domāsim atšķirīgi, pat būdami līdzīgās situācijās. Varam secināt, mums nav jātiesā par to, kas pareizi un kas nav pēc ļaužu standartiem, kuri nav patiesība.

Daži spriež par citiem, pēc sevis, pēc tā uz ko viņi paši spējīgi. Tie, kuri apmāna, domā, ka arī citi melo, kas mīl tenkot, domā, ka arī pārējie dara to pašu.
Teiksim, jūs ieraudzījāt, ka vīrietis un sieviete, kurus jūs labi zināt, stāv pie viesnīcas. Jūs varat nosodīt viņus padomājot: „Viņi laikam kopā bijuši viesnīcā. Es ievēroju, ka viņi kaut kā īpaši skatās viens uz otru."

Bet no kurienes jums zināt: varbūt vīrietis un sieviete bija kopā viesnīcas kafejnīcā, vai nejauši satikās uz ielas? Ja jūs sāksiet nosodīt un apvainot viņus, stāstot par to citiem, tad šie ļaudis var netaisnīgi ciest, nokļūt neērtā stāvoklī un ciest zaudējumus no melīgām tenkām.

Neadekvāta reakcija tāpat ir tiesāšanas sekas. Pajautājot cilvēkam, kurš bieži nokavē darbu: „Cikos jūs šodien atnācāt?" – atbildei jūs varat sadzirdēt: „Es šodien nenokavēju." Jums interesēja, cikos viņš atnāca uz darbu, bet viņš uzskatot, ka jūs viņu nosodāt, deva pilnīgi nevietā atbildi.

Pirmajā vēst. Korintiešiem 4:5 mēs lasām: „Tātad netiesājiet priekšlaikus, tiekams Tas Kungs atnāks; Tas arī cels gaismā; kas bija apslēpts tumsībā un atklās siržu nodomus un tad ikvienam būs sava uzslava no Dieva."

Piemēri par citu nosodīšana diezgan bieži sastopami šajā pasaulē, un šī problēma paceļas ne tikai starp ļaudīm, bet arī starp ģimenēm, organizācijām, politiķiem un pat valstīm. Tamlīdzīgs ļaunums izsauc nesaskaņas un atnes nelaimi. Ļaudis dzīvo pat nepamanot, ka pastāvīgi tiesā citus. Protams, kaut kas no viņu pateiktā var būt arī taisnība, bet visbiežāk viņi maldās. Pat, ja viņiem arī ir taisnība, vienalga nosodīšana – tas ir ļaunums; Dievs aizliedz to darīt, tādēļ mums neviens nav jātiesā.

Treškārt, tā ir apvainošana.

Ļaudis ne tikai tiesā citus pēc savas pašu saprašanas, bet arī apvaino viņus. Piemēram, atsevišķi ļaunie komentāri ievietoti internetā, noved dažus ļaudis līdz nopietniem psihiskiem satricinājumiem. Nosodīšana un apvainošana diezgan izplatītas mūsu ikdienas dzīvē. Ja cilvēks vienkārši pagājis garām nepasveicinājies ar jums, jūs varat viņu nosodīt, apvainojot tajā, ka viņš ar nodomu ignorē jūs. Kaut arī iespējams, viņš vienkārši nepazina jūs, vai bija aizņemts ar savām domām. Taču jūs, pasteidzāties apvainot viņu necieņā tikai pamatojoties uz to, ka jūs tā jutāt.

Lūk, kādēļ Jēkaba vēst. 4:11-12, brīdina mūs: „Neaprunājiet, brāļi, cits citu; kas savu brāli aprunā vai brāli tiesā, aprunā likumu un tiesā likumu; bet ja nu tu likumu tiesā, tad tu neesi likuma darītājs, bet soģis. Viens ir likumdevējs un soģis, kas var glābt un pazudināt; bet kas tu tāds esi, ka tu tiesā savu tuvāko?"

Tiesāt un aprunāt citus – nozīmē pašam uzņemties Dieva lomu. Tādi ļaudis jau iznesuši sev spriedumu. Vēl vairāk nopietna problēma ir garīgu lietu nosodīšana un apvainošana. Daži ļaudis nosoda un runā ļaunu par vareniem Dieva darbiem, Dieva gribu, vadoties no saviem aprobežotiem priekšstatiem un zināšanām.

Ja kāds saka: „Es saņēmu dziedināšanu no nedziedināmas slimības caur lūgšanām!" – tad ļaudis ar labu sirdi tic tam. Tomēr daži citi sāk nosodīt, domājot: „Kā gan tas ir iespējams, lai slimība pārietu vienkārši no lūgšanas? Tur visdrīzāk bija uzstādīta nepareiza diagnoze, vai arī viņam tikai liekās, ka viņš jūtas labāk." Citi var sākt ļauni runāt, apvainojot viņu melos. Ir arī tādi, kas cenšas nosodīt un noniecināt notikumus, kuri aprakstīti Bībelē, apgalvojot, ka tādi gadījumi kā Sarkanās jūras sadalīšanās, saules un mēness apstāšanās, rūgta ūdens pārvēršana saldūdenī – viss tas ir izdomājums.

Daži ļaudis saka, ka viņi tic Dievam, bet pie tam nosoda un zaimo Svēto Garu. Ja cilvēks apgalvo, ka viņam atvērtas garīgās acis, ka viņš redz garīgo pasauli, vai var kontaktēties ar Dievu, tad kā gan viņš tik neapdomīgi sauc garīgās lietas par mistiku un maldiem. Tieši tādi paši darbi bija aprakstīti Bībelē, bet viņi nosoda tos savu aprobežoto priekšstatu dēļ.

Tādu ļaužu bija daudz Jēzus laikā. Kad Jēzus dziedināja slimo Sestdienā, viņiem vajadzēja pievērst uzmanību tam, ka Dieva spēks bija parādīts caur Jēzu. Ja tas neatbilstu Dieva gribai, tad pirmkārt, šis brīnums nebūtu caur Jēzu noticis. Bet farizeji sāka tiesāt un apvainot Jēzu, Dieva Dēlu, savu priekšstatu un pieņēmumu vadīti. Pat ja jūs nosodāt un noliedzat Dieva darbus vienkārši aiz patiesības nezināšanas, tas vienalga ir smags grēks. Jums jābūt ārkārtīgi uzmanīgiem, tādēļ ka jums var nebūt vairāk iespējas nožēlot grēkus, ja jūs nostāsieties pret Svēto Garu vai zaimosiet Viņu.

Ceturtā dvēseles funkcija, kas ir pretrunā patiesībai, ir melīgu un kļūdainu liecību izplatīšana.

Stāstot par kaut ko, mēs, kā likums, nosliecamies papildināt no sevis, savas domas un jūtas, ar to pašu izkropļojot liecību. Pat ja mēs nododam vienu un to pašu informāciju, tās sākotnējā jēga var būt sagrozīta atkarībā no mūsu sejas izteiksmes vai toņa, kādā mēs runājam. Piemēram, no tā, kādā balsī mēs uzsauksim kādam, lietojot uzsaukumu „ei!", - vai maigi draudzīgi vai arī rupji un aizkaitināti, - uzrunai būs pilnīgi atšķirīga jēga. Vēl vairāk, ja mēs nevaram nodot vārdus precīzi, kā viņi bija pateikti un mainām tos uz personīgiem, tad ar to mēs arī sakropļojam domu.

Ikdienas dzīvē mēs varam sastapt piemērus, pārspīlējot vai noniecinot to, kas bija pateikts. Reizēm tas pilnībā maina runātā kontekstu. Un tad „vai tad tā nav patiesība?" kļūst „tā ir patiesība, vai nav tā?", vai „mēs plānojam...", vai „mēs laikam..." pārvēršas „visdrīzāk mēs darīsim..."

Bet ja būsim ar patiesu sirdi, mēs nesāksim sagrozīt patiesību pēc saviem ieskatiem. Mūsu spēja akurāti, bez izkropļojumiem nodot informāciju atkarīga no tā, par cik mēs esam atbrīvojuši sirdi no ļaunuma, no tieksmes atrast savu izdevīgumu, no paviršības, no paraduma steigties nosodīt un negatīvi atsaukties par citiem ļaudīm. Jāņa Evaņģēlijā 21:18, ir Jēzus vārdi par Pētera mocekļa nāvi. Tur teikts: „Patiesi, patiesi, es tev saku: Jauns būdams, tu pats jozies un gāji kur gribēji. Kad tu būsi vecs, tu izstiepsi savas rokas un citi tevi jozīs un vedīs tevi, kur tu negribi."

Tad Pēteris, ieraugot Jāni, uzdeva jautājumu: „Bet kas būs ar šo, Kungs?" (21.p.). Uz to Jēzus atbildēja: „Ja es gribu, lai šis paliek, kamēr es nāku, kāda tev daļa? Tu seko man!" (22.p.). Kā jūs domājat, kādā veidā šie vārdi aizgāja līdz mācekļiem? Bībelē teikts, ka starp mācekļiem radās runas, ka šis māceklis nemirs. Jēzus bija domājis, ka Pēterim nav jāsatraucas par Jāni, pat, ja Jānis dzīvos līdz Kunga atnākšanai. Bet mācekļi izplatīja pavisam citu liecību, piejaucot tur savas personīgās domas.

Pirmkārt, tās ir negatīvas jūtas vai aizvainojumi.

Tā kā mūsos ir tādas miesīgas, negatīvas jūtas kā vilšanās, aizskarta patmīla, skaudība, aizkaitinātība, naidīgums, tad no turienes arī rodas dvēseles funkcijas, kas nav savienojamas ar patiesību. Pat uz vieniem un tiem pašiem vārdiem mēs reaģēsim dažādi, atkarībā no mūsu sajūtām.

Pieņemsim, ka kompānijas vadītājs saka darbiniekam, norādot viņam uz kļūdām: „Vai tu varētu kvalitatīvāk izpildīt savu darbu?" Šajā situācijā daži ļaudis uzņems tamlīdzīgus vārdus ar samierināšanos un labvēlīgi pateiks: „Protams. Nākošajā reizē es vairāk pacentīšos." Taču ļaudis, kam ir pretenzijas pret savu priekšnieku, spējīgi sajust naidīgumu pret viņu, vai neapmierinātību pret viņa piezīmi. Nav izslēgts, ka viņi nodomās: „Kādēļ viņš ar mani tā runā?" vai: „Bet kā ir ar viņu pašu? Viņš arī pats nepilda savu darbu kā vajadzīgs."

Vai arī vadītājs dod jums padomu; sakot: „Es domāju, būtu labāk, ja jūs ieviestu šeit sekojošus uzlabojumus..." Tādā gadījumā daži no jums vienkārši piekritīs un teiks: „Tā ir laba ideja. Paldies par padomu, " – un ņems vērā ieteikumu. Bet ir tādi ļaudis, kuri tamlīdzīgā situācijā jutīsies neveikli, viņu lepnums būs aizskarts. Šo negatīvo jūtu dēļ viņi reizēm žēlojas domājot: „Es tik ļoti centos izdarīt savu darbu labi, kā viņš tik viegli var pateikt ko tādu? Ja viņš ir tik prasmīgs, kādēļ viņam pašam to nepadarīt."

Bībelē mēs lasām, ka Jēzus pārmet Pēterim (Mateja 16:23). Kad pienāca Jēzus krustā sišanas laiks, Viņš stāstīja mācekļiem par to, kas notiks. Pēteris negribēja, lai viņa Skolotājs tā ciestu un teica: „Lai Dievs pasargā, Kungs! Ka tev tas nenotiek!" (22.p.).

Šajā laikā Jēzus nepūlējās viņu mierināt, sakot: „Es zinu kā tu jūties. Es tev pateicos par to. Bet man ir jāiet šis ceļš." Tā vietā Viņš teica Pēterim ar pārmetumu: „Atkāpies no manis sātan, tu man esi par apgrēcību. Jo tu nedomā, kas Dievam, bet, kas cilvēkam patīk," (23.p.).

Tā kā ceļš grēciniekiem glābšanai var atvērties tikai caur Jēzus krusta ciešanām, tad pretoties Viņam tajā, nozīmēja pretoties Dieva plāna realizēšanai. Bet Pēteris neapvainojās, nesāka žēloties par Jēzu, jo bija pārliecināts, ka katrā Jēzus vārdā ir noteikta jēga. Tik laba Pētera sirds ļāva viņam vēlāk kļūt par apustuli, caur kuru bija parādīts apbrīnojamais Dieva spēks.

Bet, kas notika ar Jūdu Iskariotu? Mateja Evaņģēlija, 26. nodaļā, Marija no Betānijas pienāca pie Jēzus ar mirru trauku un sāka izliet dārgo, smaržīgo eļļu uz Viņa galvas. Jūda nodomāja, ka tie bija veltīgi tēriņi. Viņš pateica: „To varēja dārgi pārdot un naudu izdalīt nabagiem," (9.p.). Lai gan īstenībā viņš vienkārši gatavojās šo naudu nozagt.

Jēzus toties paslavēja Mariju par to, ka viņa pēc Dieva plāna izdarīja to, lai sagatavotu Viņu apbedīšanai. Bet Jūda bija neapmierināts un žēlojās par Jēzu, tādēļ ka Jēzus viņam nepiekrita. Beigās Jūda izdarīja lielu grēku: viņš izplānoja, kā Jēzu nodot un pārdeva Viņu.

Šodien daudzu ļaužu dvēseles izpilda funkcijas, kuras atrodas ārpus patiesības. Bet, lai arī ko mēs savā priekšā neredzētu, mūsu dvēseles funkcijas nesāks darboties līdz tam laikam, kamēr redzētais neradīs mūsos noteiktas jūtas. Kad mēs redzam to, kas nav savienojams ar patiesību, mums labāk atteikties no tā tūlīt pat, redzētā līmeņa iespaidā. Mums nav jāpievieno savas domas, nosodot un apvainojot tādēļ, ka tas ir – grēks. Lai būtu patiesībā, labāk nedzirdēt un neredzēt to, kas ir naidīgs patiesībai. Bet pat, ja mums nāksies saskarties ar nepatiesību, mēs tik un tā varēsim saglabāt savu labestību, paliekot ar labām domām un jūtām.

3. Tumsa.

Sātans, ir ar tādu pat tumsas varu, kā arī Lucifers. Viņš provocē ļaužu sirdis un domas un mudina viņus darīt ļaunus darbus.

Īstenībā tie ir ļaunie gari, kas provocē mūsu dvēselē tās funkcijas, kuras sadarbojas ar nepatiesību. Dievs pieļāvis ļauno garu pasaules eksistenci, lai piepildītu paredzēto cilvēces izaudzēšanu. Gaiss – teritorija, pār kuru viņi valdīs līdz tam laikam, kamēr turpināsies cilvēces audzēšana. Vēstulē Efeziešiem 2:2 teikts: „Kuros reiz dzīvojāt, pakļauti šīs pasaules varas nesējam, gaisa valsts valdniekam, garam, kas vēl tagad ir spēcīgs nepaklausības bērnos."

Dievs pieļāvis viņiem kontrolēt tumsas plūsmu līdz tam laikam, kamēr Dievs nepabeigs cilvēces audzēšanu.

Ļaunie tumsas pasaules gari apmāna cilvēkus grūžot viņus grēkā un ienaidā ar Dievu. Bet arī viņiem ir sava stingra hierarhija. Viņu vadonis Lucifers kontrolē tumsu, dodot pavēles un vadot pakļautos ļaunos garus. Luciferam ir daudzums citu palīgu. Starp tiem – drakoni, kuriem ir noteikti spēki un viņu eņģeļi (Atklāsmes 12:7). Ir tāpat sātans, velns un dēmoni.

Lucifers – tumsas pasaules vadonis.

Lucifers bija ercenģelis un pagodināja Dievu ar brīnišķīgu dziedāšanu un spēlēšanu uz mūzikas instrumentiem. Ilgu laiku viņš baudīja savu augsto stāvokli un varu, viņš bija Dieva mīlēts, bet beigu beigās kļuva lepns un nodeva Dievu. No tā laika no viņa skaistās ārienes nekas nav palicis, viņš kļuva atbaidošs. Jesajas grāmatā 14:12, mēs lasām: „Kā tu esi kritis no debesīm, tu spožā zvaigzne, tu ausekļa dēls! Kā tu esi nogāzts pie zemes, tu, kas tautas locīji!"

Šodien ļaudis ar izaicinošām frizūrām un tetovējumiem paši to neapzinoties kļūst līdzīgi Luciferam. Izmantojot attīstības dinamiku un šīs pasaules modi, Lucifers pēc sava personīgā ieskata kontrolē ļaužu saprātu un nodomus. Un Lucifers arī izrāda lielu ietekmi uz šīs pasaules mūziku.

Viņš tāpat kūda ļaudis darīt grēkus un nelikumības, izmantojot mūsdienu tehniku, tajā skaitā datoru. Viņš kūda negodīgus valdītājus sacelties pret Dievu. Dažas valstis atklāti vajā kristiešus. Viņus uz to stimulē un mudina Lucifers.

Vēl vairāk, Lucifers kārdina ļaudis ar dažādām buršanas un maģijas formām, piemāna šamaņus un burvjus, kuri tam paklausa. Viņš dara visu, lai ievilktu kaut vai vēl vienu dvēseli ellē, un grūž ļaudis būt ienaidā ar Dievu.

Drakoni un to eņģeļi.

Drakoni, kuri ir ļauno garu virsvadoņi, atrodas Lucifera pakļautībā. Ļaudis domā, ka drakoni – tie ir izdomāti dzīvnieki. Bet drakoni mājo ļauno garu pasaulē. viņi vienkārši ir neredzami, jo ir garīgas būtnes. Pēc vispārēja apraksta, viņiem ir ragi kā briežiem, acis kā dēmoniem, ausis atgādina ragainu liellopu ausis. Viņiem ir zvīņaina āda un četras ķepas. Viņi līdzinās gigantiskiem reptiļiem.

Radīšanas periodā drakoniem bija garas, skaistas, greznas spalvas. Viņi mājoja ap Dieva Troni, bija Dieva mīluļi un atradās Viņa tuvumā. Viņi bija apveltīti ar lielu spēku un varu, un viņiem paklāvās daudzums ķerubu. Bet, kad viņi kopā ar Luciferu nodeva Dievu, viņu eņģeļi arī sacēlās pret Dievu. Drakonu eņģeļiem tagad ir tas pats atbaidošais dzīvnieku izskats. Kopā ar drakoniem viņi valda gaisā un grūž ļaudis darīt grēkus un ļaunus darbus.

Protams, ka Lucifers ieņem valdošo stāvokli ļauno garu pasaulē, bet praktiski viņš atdevis pilnvaras drakoniem un tā eņģeļiem valdīt gaisā un cīnīties pret garīgām būtnēm, kas pieder Dievam. No seniem laikiem drakoni pamudinājuši ļaudis radīt drakonu atveidojumus, lai ļaudis tos pielūgtu. Šodien dažas reliģijas atklāti darījušas par dieviem drakonus un pielūdz tos. Ļaudis, kas izplata šīs reliģijas atrodas zem drakonu kontroles.

Atklāsmes 12:7-9 par drakoniem un par viņu eņģeļiem teikts sekojošais: „Izcēlās karš debesīs, Miķelis ar saviem eņģeļiem sāka karot ar pūķi. Pūķis un viņa eņģeļi turējās pretim. Bet tie nespēja, un tiem nebija vairs vietas debesīs. Lielais pūķis, vecā čūska, to sauca par velnu un sātanu, kas pieviļ visu pasauli, tapa gāzts; viņš tika nogāzts zemē un līdz ar viņu tā eņģeļi."

Drakoni caur saviem eņģeļiem iededz ļaunumu ļaudīs. Tādi negodīgi ļaudis neapstāsies pat tādu smagu noziegumu priekšā, kā slepkavība un cilvēku tirdzniecība. Drakonu eņģeļiem ir dzīvnieku izskats, kuri atgādina 3. Mozus grāmatā Dieva priekšā nešķīstus un nicināmus dzīvniekus. Ļaunums parādīsies dažādās formās, atbilstoši tam raksturam ar ko atšķiras dzīvnieks, piemēram, cietsirdībā, viltībā vai seksuālā izlaidībā.

Lucifers darbojas caur drakoniem, bet drakonu eņģeļi savukārt, pilda to, ko viņiem liek drakoni. Ja vilkt paralēles ar valsts uzbūvi, tad Lucifers – tas ir karalis, bet drakoni līdzinās premjerministram vai galvenajam armijas virspavēlniekam, kuri veic administratīvo kontroli pār ministriem un karavīriem. Kad drakoni darbojas viņi nesaņem katru reizi tiešus rīkojumus no Lucifera. Lucifers jau iedēstījis savas domas drakonu prātos un tādēļ tas, ko dara drakoni, automātiski atbilst Lucifera vēlmēm.

Sātans ir Lucifera spēks un sirds.

Ļaunie gari līdz tādai pakāpei iespaido ļaudis, ka viņu sirdis kļūst aptraipītas ar tumsu, bet dēmoni un velns nevar pirmie izprovocēt cilvēku. Sākumā pie darba ķeras sātans, tam seko – velns, un tikai pēc tam – dēmoni. Vienkāršāk runājot, sātans – tā ir Lucifera sirds. Viņam nav reālas formas, viņš vienkārši darbojas caur ļaužu domām. Sātanam ir tumsas vara, kuru pārvalda Lucifers, kas arī piespiež ļaudis izdomāt ļaunu un darīt negodīgas lietas.

Tā kā sātans – garīga būtne (Ījaba 1:6-7), viņš darbojas ar

dažādām metodēm, atkarībā no tā, tieši kādas tumsas īpašības ir klātesošas dotajā cilvēkā. Pie meļiem viņš strādā ar melu garu (1. Ķēniņa 22:21-23). Ar tiem, kam patīk provocēt nesaskaņas starp ļaudīm, sanaidojot viņus citu pret citu, viņš strādā tieši ar tādu garu (1. Jāņa vēst. 4:6). Uz tiem, kam ir nosliece tiekties uz netīriem miesas darbiem, viņš iedarbojas ar nešķīsto garu (Atklāsmes 18:2).

Kā jau bija teikts, Luciferam, drakoniem un sātanam ir dažādas lomas un atšķirīgas formas, bet viņiem ir kopīgs prāts un nodomi, vienots spēks, kas mērķēts uz ļaunu darbu veikšanu. Un tagad apskatīsim, kā sātans strādā ar ļaudīm.

Sātans līdzinās radioviļņiem, kuri izplatās gaisā. Viņš pastāvīgi izplata gaisā savu saprātu un spēku. Un tieši tāpat kā radioviļņi var būt uztverami ar antenu palīdzību, kas ir noskaņotas, lai saņemtu attiecīgos signālus, saprāts, domas un sātana tumšie spēki var būt to uztverti, kas gatavi pieņemt tos. Antenas šajā gadījumā ir netaisnība, tumsa, kas atrodas cilvēka sirdī.

Piemēram, ienaida sakne sirdī var kalpot kā antena, lai saņemtu naida radioviļņus, kurus izplata gaisā sātans. Kā tikai tumsas radioviļņi, ko radījis sātans, un netaisnība ļaužu sirdīs ir uz viena viļņa un pārklājas cits ar citu, sātans sāk dēstīt tumsas spēkus ļaudīs caur viņu domām. Pateicoties tam netaisnība sirdī sāk nostiprināties un kļūt aktīva. Šis ir tas gadījums, kad mēs sakām, ka cilvēks uzķēries uz sātana intrigām, vai dzird sātana balsi.

Un, kad viņi sadzird sātana balsi, viņi vispirms grēkos domās, bet pēc tam arī darbos. Kad tāda grēcīga daba ļaudīs, kā ienaids vai skaudība uzķeras uz sātana viltībām, viņiem gribas darīt ļaunu apkārtējiem. Ja tā turpināsies arī tālāk, tad viņi var pat izdarīt slepkavības grēku.

Domas – tas ir kanāls, caur kuru darbojas sātans.

Ļaudīm ir patiesības sirds un nepatiesības sirds. Kad mēs pieņemam Jēzu Kristu un kļūstam Dieva bērni, Svētais Gars, ieejot mūsu sirdī, maina to, darot to par patiesības sirdi. Tas nozīmē, ka mēs savā sirdī dzirdam Svētā Gara balsi. Bet sātans pretēji tam darbojas no ārpuses, tādēļ viņam vajadzīgs kanāls, lai nokļūtu cilvēka sirdī. Par šo kanālu kalpo ļaužu domas.

Tas, ko ļaudis redz, dzird un mācās izraisa viņos noteiktu attieksmi pret to, tādēļ saņemtā informācija kopā ar jūtām glabājas viņu prātā un sirdī. Pie attiecīgiem apstākļiem viņi to atcerēsies. Tā rodas domas. Un šīs domas būs tādas, kādas bija jūsu jūtas, kad tā vai cita informācija nosēdās jūs atmiņā. Vienādā situācijā vieniem ļaudīm nosēdīsies tas, kas saskan ar patiesību, un tādēļ viņu domas saskanēs ar patiesību, bet tiem, kuru atmiņā glabājas nepatiesība, domas būs atbilstošas nepatiesībai.

Vairums ļaužu nav iepazinuši Dieva Vārdu, kurš ir patiesība.

Lūk, kādēļ viņu sirdīs daudz vairāk nepatiesības kā patiesības. Sātans vilina tādus ļaudis uz nodomiem, kas ir naidīgi patiesībai. Šie nodomi saucas par „miesīgām domām". Kā tikai sātans sāk iedarboties uz ļaudīm, viņi pārstāj paklausīt Dieva Likumam. Viņi kļūst par grēka vergiem, un beigu beigās viņi piedzīvos nāvi (vēst. Romiešiem 6:16; 8:6-7).

Kā sātans saņem kontroli pār ļaužu sirdīm?

Kā likums, sātans darbojas no ārpuses, un cilvēka domas priekš viņa ir kā caurlaides kanāls. Tomēr ir arī izņēmumi. Piemēram, Bībele saka, ka sātans iegāja Jūdā Iskariotā, vienā no divpadsmit Kunga Jēzus mācekļiem. Šajā gadījumā „iegāja viņā" nozīmē, ka viņš pastāvīgi atradās sātana ietekmē un beigu beigās atdeva viņam visu savu sirdi. Tādā veidā sātans pilnībā „saņēma viņu savā varā."

Jūda Iskariots piedzīvoja apbrīnojamo Dieva spēku un sekojot Jēzum, iepazina svētību, bet tā kā viņš nebija atbrīvojies no skopuma, tad zaga Dieva naudu no naudas kases (Jāņa 12:6).

Viņš tāpat bija alkatīgs un tiecās iekarot godu un varu, kad Mesija Jēzus, būs paaugstināts uz šīs zemes troņa. Bet īstenība atšķīrās no tā, kā viņš to sevī bija iedomājies, tādēļ viņš pieļāva, ka viņa domas pakāpeniski pakļaujas sātanam. Un kā rezultāts, sātans pilnībā ieguva viņa sirdi, un viņš nodeva savu Skolotāju par trīsdesmit sudraba gabaliem. Mēs sakām, ka sātans ir iegājis kādā, tajā gadījumā, kad sātanam ir pilnīga kontrole pār cilvēka sirdi.

Apustuļu darbos 5:3 Pēteris teica, ka sātans iegāja Ananijas un Sapfīras sirdī, un viņi noslēpa daļu naudas, ko saņēma par zemes pārdošanu un meloja Svētajam Garam.

Pēteris teica to, tādēļ ka tamlīdzīgu gadījumu bija daudz arī agrāk. Tādā veidā izteikums „sātans iegāja kādā", vai „sātans ielika sirdī" nozīmē, ka sātans mājo viņu sirdīs, un paši viņi kļūst līdzīgi sātanam. Sātanu, līdzīgu tumšam mākonim, var redzēt garīgām acīm. Tumsas enerģija, līdzīga tumšam dūmu mutulim, apņem tos ļaudis, kuri atrodas zem spēcīgas sātana ietekmes. Lai nepadotos sātana viltībām, mums vispirms jāatbrīvojas no visām domām, ko iedvesusi nepatiesība. Bez tam, mums jālikvidē nepatiesība savā sirdī. Tas nozīmē: mums pašā saknē jālikvidē antena, kura pieņem sātana radioviļņus.

Velns un dēmoni.

Velni – tā ir daļa eņģeļu, kuri krita kopā ar Luciferu. Atšķirībā no sātana viņiem ir noteikta forma. Viņiem, kā arī eņģeļiem, tumšas figūras, viņiem ir seja, acis, deguns, ausis un mute. Viņiem tāpat ir rokas un nagi. Velni mudina ļaudis darīt grēkus, viņi uzsūta ļaudīm dažādus pārbaudījumus un kārdinājumus.

Bet tas nenozīmē, ka velni ieiet ļaudīs, lai to darītu. Pēc sātana norīkojuma, velns kontrolē ļaudis, kas piepildījuši savas sirdis ar tumsu un piespiež tos izdarīt nepieļaujamus noziegumus. Bet reizēm velns nepastarpināti kontrolē noteiktus ļaudis, lietojot viņus, kā savus instrumentus. Tie, kas pārdevuši savu garu sātanam, piemēram, burvji un magi, atrodas zem sātana kontroles un kļūst par instrumentiem viņa rokās. Viņš piespiež ļaudis darīt velnišķīgus darbus. Tādēļ Bībele saka, ka tie, kas dara grēkus, pieder velnam (Jāņa 8:44, 1. Jāņa vēst. 3:8).

Jāņa Evaņģēlijā 6:70, rakstīts: „Vai Es neesmu izredzējis jūs divpadsmit? Bet viens no jums ir velns." Jēzus runāja par Jūdu Iskariotu, kurš pārdos Jēzu. Tāds cilvēks, kļuvis par grēka vergu un, kuram nav nekā kopēja ar glābšanu, paliek par velna bērnu. Tā kā sātans iegāja Jūdā un kontrolēja viņa sirdi, viņš arī darīja velnišķīgus darbus, tas ir pārdeva Jēzu. Velns līdzīgs menedžerim – starpniekam, kurš saņem rīkojumus no sātana un pārvalda daudzumu dēmonu, pakļauj ļaudis daudzām slimībām un ciešanām un kūda viņus izdarīt pēc iespējas vairāk ļaunus darbus.

Sātanam, velnam un dēmoniem ir sava hierarhija. Viņi rīkojas ļoti ciešā sadarbībā. No sākuma sātans strādā ar cilvēka domām, ko radījusi nepatiesība, lai atvērtu ceļu velna darbībai. Pēc tam velns sāk darboties pie cilvēka, lai piespiestu viņu darīt miesas darbus un pildīt viņa uzdevumus. Sātans darbojas caur domām un velna uzdevums ir tajā, lai šīs domas pārvērstos praktiskos darbos. Dēmoni ieiet ļaudīs, kad viņu ļaunie darbi sakrājušies, sasniedzot noteiktu līmeni. Kā tikai dēmoni iegājuši cilvēkā, viņš zaudē savu brīvo gribu, un kļūst marionete velna rokās.

Bībele sauc šos dēmonus par ļaunajiem gariem, bet atšķirībā no kritušajiem eņģeļiem un Lucifera (Ps. 105:28; Jesajas grām. 8:19; Apust. darbi 16:16-19; 1. vēst. Korintiešiem 10:20), dēmoni agrāk bija cilvēcīgas būtnes – ar garu, dvēseli un ķermeni. Daži no ļaudīm, kas dzīvojuši uz zemes un nomiruši nesaņemot glābšanu, bet no jauna atnākuši uz šo pasauli pie noteiktiem apstākļiem un pie īpašiem nosacījumiem; viņi tad arī ir dēmoni. Vairumam ļaužu nav skaidra priekšstata par ļauno garu pasauli. Bet kamēr nav pienākusi Dieva noliktā pēdējā diena, ļaunie gari cenšas iemānīt uz pazušanas ceļu kaut vai vēl vienu cilvēku.

Šī iemesla dēļ Pētera 1. vēstulē 5:8 teikts: „Esiet skaidrā prātā, esiet modrīgi! Jūsu pretinieks velns staigā apkārt kā lauva rūkdams un meklē, ko tas varētu aprīt." Bet vēst. Efeziešiem 6:12 teikts: „Jo ne pret miesu mums jācīnās, bet pret valdībām un varām, šīs tumsības pasaules valdniekiem un pret ļaunajiem gariem pasaules telpā."

Mūsu garam jābūt nomodā un skaidrā prātā visu laiku, tādēļ ka, ja mēs dzīvosim tā kā to grib tumsas spēki mēs iesim pa ceļu, kas ved uz bojāeju.

2. Nodaļa
Personīgais „es."

Paštaisnība raksturīga tiem, kas iemācījušies pieņemt šīs pasaules nepatiesību par īstenību. Kā tikai cilvēkā noformējas paštaisnība, viņam parādās domāšanas stereotipi – iesīkstējuši uzskati, ko radījusi paštaisnība.

1. Līdz tam kā noformējas personīgais „es."

2. Paštaisnība un domāšanas stereotipi.

3. Lai dvēsele funkcionētu patiesībā.

4. Es mirstu katru dienu.

Dvēseles formēšanās

Tas bija vēl līdz tam, kā es pieņēmu Kungu. Es katru dienu cīnījos ar savām vainām, un vienīgā mana izklaide bija romānu lasīšana, kuru personāži bija ar kaujas mākslas veidu paņēmienu zināšanām. Kā likums visi šie stāsti bija par atriebību.

Parasti bija tāds sižets: bērnībā galvenajam varonim nogalināja vecākus. Pats viņš brīnumainā kārtā palika dzīvs masu slaktiņā pateicoties kalpam. Pieaudzis viņš satika kaujas mākslu veidu skolotāju. Pēc tam viņš pats kļuva par austrumu cīņas mākslu meistaru un atriebās saviem ienaidniekiem, kas nogalināja viņa vecākus. Šajos romānos atriebība, riskējot ar savu personīgo dzīvību, tika pasniegta, kā taisnības uzvaras svinēšana un varonība. Bet Jēzus mācība Bībelē kardināli atšķiras no pasaules uzskatiem.

Mateja Evaņģēlija 5:43-45, Jēzus saka: „Jūs esat dzirdējuši, ka ir sacīts: tev būs savu tuvāko mīlēt un savu ienaidnieku nīst. Bet es jums saku: mīliet savus ienaidniekus un lūdziet Dievu par tiem, kas jūs vajā, ka jūs topat sava Debesu Tēva bērni, jo Viņš liek Savai saulei uzlēkt pār ļauniem un labiem un liek lietum līt pār taisnajiem un netaisnajiem."

Es dzīvoju kārtīgi un godīgi. Vairums ļaužu teiktu, ka man likumi nebija vienkārši vajadzīgi. Tomēr, pēc tā, kad es pieņēmu Kungu un ieraudziju sevi caur Dieva Vārda prizmu, kas tika sludināts atmodas sapulcēs, es sapratu, ka manā dzīvesveidā daudz, kas bija nepareizi. Man bija kauns, jo es sapratu, ka tas kā es runāju, kā izturos, kā domāju, un pat tas, kas manā sirdsapziņā, viss bija netīrs. Es patiesi nožēloju grēkus Dieva priekšā, saprotot, ka mana dzīve bija absolūti nepareiza.

No tā laika es centos iznīdēt sevī paštaisnību un uzskatu stereotipus un sagraut tos. Es atteicos no sava iepriekšējā „es", kurš neko nebija vērts. Lasot Bībeli, es formēju savu jauno „es" atbilstoši patiesībai. Es gavēju un nenogurstoši lūdzos, lai atbrīvotu savu sirdi no visas nepatiesības. Un rezultātā es sajutu, ka ļaunums aizgāja, es sāku dzirdēt Svētā Gara balsi un saņēmu Viņa vadību.

1. Līdz tam, kā noformējās personīgais „es."

Kā gan ļaudīm formējas sirds un veidojas viņu priekšstati? Pirmkārt, to veicina faktori, kuri tiek mantoti. Bērni ir līdzīgi saviem vecākiem. Viņi manto no vecākiem ārieni, paradumus, personības īpatnības un citas ģenētiskas īpašības. Korejā runā, ka mums tiek nodotas vecāku asinis. Bet tās nav tieši asinis, bet dzīvības enerģija vai „ci". „Ci" – tas ir visas enerģijas kristaloīds, kurš nāk no ķermeņa. Es zinu ģimeni, kur dēlam ir liela dzimumzīme virs lūpas. Tieši tāda pat dzimumzīme, tajā pašā vietā bija viņa mātei, bet viņa to likvidēja ķirurģiskā ceļā. Bet neskatoties uz to, ka dzimumzīme bija likvidēta, tā tomēr mantojumā tika nodota dēlam.

Ļaužu spermatozoīdi un olnīcas satur dzīvības enerģiju. Tie nosaka ne tikai ārējo fizisko izskatu, bet tāpat arī raksturu, temparamentu, intelektu un paradumus. Ja ieņemšanas brīdī tēva enerģija „ci" stiprāka, tad bērns vairāk būs līdzīgs tēvam. Ja stiprāka mātes „ci," tad bērns vairāk līdzīgs mātei. Tas arī dara katra bērna sirdi atšķirīgu.

Pēc tā mēra, kā cilvēks aug un kļūst pieaudzis, viņš daudz ko mācās, un viņa zināšanas arī kļūst par sirds augsnes sastāvdaļu. Apmēram no piecu gadu vecuma ļaudīm sāk formēties personīgais „es" tā iespaidā, ko viņi redz, dzird un uzzin. Bet apmēram ap divpadsmit gadiem cilvēkam jau izveidojušās vērtības no kurām veidojas arī spriedumu standarti. Personīgais „es" vēl vairāk nostiprinās sasniedzot astoņpadsmit gadus. Bet problēma ir tajā, ka daudzas kļūdainas lietas mēs uzskatām par pareizām un ticam tam, ka tās ir patiesas.

Ir daudz melīgu lietu, kuras mēs varam iemācīties šajā pasaulē. Protams, ka daudzie priekšmeti, kurus mēs mācījāmies skolā, ir derīgi un nepieciešami mūsu dzīvē, bet dažas no mūsu saņemtajām zināšanām, piemēram, Darvina evolūcijas teorija, nav patiesas. Vecāki audzinot savus bērnus, arī nereti māca viņiem nepatiesību uzdodot to par īstenību. Pieņemsim, bērns atnācis no ielas, kur viņu sasituši citi bērni. Noraizējušies vecāki var pateikt: „Tu ēd trīs reizes dienā, kā visi pārējie bērni un tev jābūt stipram, tad kāpēc tevi sasita? Ja tev iesita vienu reizi, dod viņiem atpakaļ divas reizes! Vai tad tev nav tādas pašas rokas un kājas, kā citiem bērniem? Tev jāmācās aizstāvēt sevi."

Bērnam tāpat liek saprast, ka, ja draugi viņu sit, tad tas pazemo viņu pašcieņu. Kas nosēdīsies šo bērnu apziņā? Viņi visdrīzāk jutīs, cik muļķīgi ir pieļaut sist sevi. Ja kāds vienu reizi iesitīs viņiem, viņi domās, ka vispareizāk būs iesist divas reizes atbildei. Citiem vārdiem, viņi ielaiduši sevī ļaunumu, it kā tas būtu labums.

Ko mācīs saviem bērniem vecāki, kuri seko patiesībai? Viņi izanalizēs situāciju no labestības un patiesības pozīcijas, lai varētu nodibināt mieru un teiks apmēram sekojošo: „Dārgais, vai tu varētu pacensties saprast viņus? Un vēl padomā, varbūt tev kaut kur nebija taisnība? Dievs liek mums uzvarēt ļaunu ar labu."

Ja jebkurā situācijā bērniem pamāca tikai pēc Dieva Vārda, tad viņiem noformējas laba sirdsapziņa. Taču vairākumā gadījumu vecāki māca saviem bērniem to, kas ir nepatiesība un meli. Ja vecāki apmāna, tad bērni arī būs negodīgi. Pieņemsim, zvana telefons, un meita paņem klausuli. Viņa apklāj to ar roku, lai piezvanījušais nedzirdētu un saka: „Papu, tev zvana tēvocis Toms." Tad tēvs atbild meitai: „Saki viņam, ka manis nav mājās."

Meita, pirms dod klausuli tēvam, jautā viņam, tādēļ ka līdzīgas situācijas ne reizi vien radušās arī iepriekš. Kamēr cilvēks pieaug, viņš mācās no daudziem negatīviem piemēriem, un vēlāk, nosoda un apvaino citus pamatojoties uz personīgiem priekšstatiem, viņš turpina attīstīt sevī melīgas īpašības. Tādā veidā nepatiesība formulē sirdsapziņu.

Bez tam, vairums ļaužu ir egoistiski. Viņi domā tikai par personīgo izdevīgumu un ir pārliecināti par savu taisnību. Ja citu ļaužu domas un idejas nesakrīt ar viņu personīgajām, tad viņi domā, ka citiem nav taisnība. Bet viņu oponenti uzskata tieši tāpat. Ar tādu domāšanu ļoti grūti nonākt pie saskaņas. Tas pats notiek arī starp tuviem cilvēkiem, piemēram, starp vīru un sievu, vecākiem un bērniem. Tieši tā vairumam ļaužu formējas personīgais „es", un tādēļ nevienam nav jāuzstāj uz personīgo taisnīb

2. Paštaisnība un domāšanas stereotipi.

Spriedumu standarti un vērtību sistēma daudziem ļaudīm veidojas zem dvēseles iedarbības funkcijām, kas saistītas ar nepatiesību. Un kā sekas, viņu dzīve ierobežota ar viņu paštaisnības un uzskatu standartiem. Bez tam paštaisnība, ko radījusi nepatiesība, kuru viņi pasmēluši pasaulē, viņos tiek pieņemta par patiesību. Tie, kam raksturīga tamlīdzīga paštaisnība ir ne tikai pārliecināti par savu personīgo standartu pareizību, bet viņi tāpat cenšas uzspiest savu viedokli, savu pārliecību citiem.

Kad paštaisnība nostiprinās, tā pārvēršas par stereotipiem. Citiem vārdiem, stereotips – tā ir metodiski noformējusies cilvēka paštaisnības struktūra. Šie stereotipi veidojas pamatojoties uz katra cilvēka personības īpatnībām, viņa gaumi, manierēm, teorijām un domām. Situācijā, kad pieņemami abi varianti, bet tu uzstāj tikai uz vienu no tiem, šis uzskats uz lietām nocietinājies tevī un pārvērtīsies par stereotipu. Šajā gadījumā cilvēks dod priekšroku būt vairāk laipns un atklāts pret tiem, kam ir līdzīgas prioritātes, raksturi un priekšstati, kam cilvēks dod priekšroku, bet viņā tāpat būs tendence būt neiecietīgam attiecībā uz tiem, kas viņam nepiekrīt. Iemesls tam- personīgie stereotipi.

Tāda veida domāšanas stereotipi parādās mūsu ikdienas dzīvē pašās dažādākajās formās. Jauni, apprecējušies laulātie var strīdēties par pašām ikdienišķākajām lietām. Vīrs uzskata, ka zobu pastu vajag izspiest no tūbiņas gala, bet sieva izspiež to kā pagadās. Šajā situācijā, ja katrs uzstās uz savu, tas novedīs pie konflikta. Tamlīdzīgu konfliktu iemesli slēpjas pieradumu stereotipos, kuri katram ir dažādi.

Stādieties priekšā kompānijas darbinieku, kurš dara pats visu darbu, nevēršoties ne pie viena pēc palīdzības. Dažiem ļaudīm noformējies pieradums darīt visu patstāvīgi, tādēļ ka viņi izauguši grūtos apstākļos un viņiem nācies visu darīt pašiem. Bet tā nav augstprātība. Tādēļ, ja jūs nosodāt šo cilvēku par viņa augstprātību un paštaisnību, tad tas nav pareizs spriedums.

Vairumā gadījumu no patiesības pozīcijas, gan cilvēka paštaisnība, gan viņa personīgie domāšanas stereotipi ir kļūdaini. Maldīšanās sākas sirdī, kurā ir nepatiesība, kas neļauj viņam kalpot citiem un piespiež meklēt personīgas privilēģijas. Paštaisnība un domāšanas stereotipi ir pat ticīgajiem, kaut arī viņiem nav pat aizdomas par to eksistēšanu.

Viņi domā, ka klausa Dieva Vārdam un jau zināmā pakāpē atbrīvojušies no grēkiem un iepazinuši patiesību. Šīs zināšanas dara viņus paštaisnus. Un viņi nosoda to, kādu dzīvi ticībā dzīvo citi ļaudis. Viņi tāpat salīdzina sevi ar citiem, lai pārliecinātos par savu pārākumu. Kādreiz viņi redzēja tikai labo ļaudīs, bet vēlāk viņi izmainījās, sākot ievērot viņu trūkumus. Viņi uzstāj tikai uz personīgo viedokli, pie tam runājot, ka visu dara priekš Dieva Valstības.

Daži ļaudis spriež tā, it kā zinātu visu un paši viņi taisnie. Viņi pastāvīgi runā par citu ļaužu trūkumiem, nosoda tos. Tas nozīmē, ka savus pašu trūkumus viņi neredz, bet redz tikai svešus.

Līdz tam, kā mēs pilnībā izmainīsimies patiesībā, mūsos

visos ir paštaisnība un personīgie domāšanas stereotipi. Līdz tam laikam, kamēr mūsu sirdī klātesošs ļaunums, mūsu dvēseles funkcijas vairāk būs saistītas ar nepatiesību, kā ar patiesību. Un, kā rezultāts mēs sāksim nosodīt un apvainot citus, izejot no savas paštaisnības mēra un domāšanas stereotipiem. Priekš mūsu garīgās izaugsmes nepieciešams visas savas domas un idejas uzskatīt par neko. Mums jāiznīcina sevī paštaisnība un visa mūsu iesīkstējusī domāšana, nostabilizējot tās dvēseles funkcijas, kuras pieder patiesībai.

3. Lai dvēsele funkcionētu patiesībā.

Mēs varēsim tikai tad garīgi izaugt un izveidoties par patiesiem Dieva bērniem, kad mēs apmainīsim tās mūsu dvēseles funkcijas, kuras ir no nepatiesības uz tām, kuras pieder patiesībai. Un tā, kas mums jādara, lai mūsu dvēsele funkcionētu patiesībā?

Pirmkārt, mums visu jāpazīst un jāatšķir pēc patiesības standartiem.

Sirdsapziņa visiem ļaudīm atšķiras, un arī pasaules standarti variē atkarībā no laika, reģiona un tautu kultūras. Un pat, ja jūs esat pārliecināti par savas rīcības pareizību, vienmēr atradīsies tādi, kas izejot no savu vērtību viedokļa, atšķirīga no jūsējā, uzskatīs, ka jums nav taisnība.

Dvēseles formēšanās

Ļaužu vērtējumi un viņu priekšstati par pieņemamām uzvedības manierēm formējas vides un nacionālās kultūras iespaidā, un tādēļ mums nav jātiesā citus pēc savu pašu standartiem. Ir tikai viens neapstrīdams standarts, pēc kura var noteikt, kas ir pareizi un kas nav, kas patiesība un, kas meli. Tas ir Dieva Vārds, kurš arī ir pati patiesība.

Daži pasaules ļaužu priekšstati par to, kas ir pareizi un pieļaujami, saskan ar Bībeli, bet daudzi citi – nē. Pieņemsim, ka viens no jūsu draugiem izdarījis noziegumu, bet viņa vietā apsūdzība izvirzīta citam cilvēkam. Šajā gadījumā vairākums ļaužu nolems, ka pateikt patiesību par to, kas ir patiesais vainīgais, nebūs draudzīgi. Bet, ja jūs klusēsiet, zinot par cilvēka nevainīgumu, kurš var saņemt nepelnītu sodu, tad Dieva acīs jūsu rīcība nebūs taisnīga.

Līdz tam kā es sāku ticēt Dievam gadījās, ka atnākot pie kāda ciemos pusdienlaikā uz jautājumu par to, vai esmu jau pusdienojis, lai arī kā tur nebūtu patiesībā, es vienmēr atbildēju: „Jā, es jau paēdu." Man pat nebija aizdomu, ka tas ir nepareizi, jo es tā runāju, lai nebūtu jāsagādā ļaudīm neērtības. Bet garīgā nozīmē, Dieva acīs, tas bija nepareizi, tādēļ ka manis teiktais neatbilda īstenībai, lai arī nebija grēks. Sapratis to, es sāku teikt tā: „Es vēl neesmu pusdienojis, bet es negribu tagad ēst."

Lai atšķirtu visu patiesībā, mums jāklausās un jāmācās patiesības Vārds un jāglabā to savā sirdī. Mums nepieciešams lasīt

Bībeli, atbrīvoties no kļūmīgiem standartiem, kuri noformējušies zem šīs pasaules nepatiesības iedarbības. Lai cik gudras neliktos šīs pasaules vērtības, bet ja tās ir pretrunā Vārdam, no tām jāatsakās.

Otrkārt, priekš tā, lai dvēseles funkcijas saskanētu ar patiesību, mūsu jūtām un emocijām tāpat jāatbilst patiesībai.

Tas, kas jūsos ielikts, nospēlēs noteiktu lomu, kad mēs mēģināsim ievirzīt savas jūtas patiesības gultnē. Es biju liecinieks tam, kā māte bāra savu bērnu: „Tikai pamēģini to izdarīt, tevi mācītājs sodīs!" Viņa uzspiež bērnam domāt, ka mācītājs – tas ir tas no kā jābaidās. Šis bērns augs ar domu, ka no mācītāja jāpiesargās un jāizvairās, bet nevis jācenšas būt viņam tuvāk.

Daudz gadu atpakaļ es redzēju filmā tādu skatu. Meitene draudzējās ar ziloni, un zilonis parasti apvija snuķi ap viņas kaklu. Kādu reizi, kad meitene gulēja pie viņas pielīda indīga čūska un iedzēla viņai kaklā. Ja viņa zinātu, ka tā bija indīga čūska, tad viņa sajustu bailes, nobītos. Bet viņas acis bija aizvērtas un viņa domāja, ka viņas sejai pieskaras ziloņa snuķis. Tādēļ tas nebija, kas negaidīts priekš viņas. Tieši otrādi, viņa pieņēma to, kā draudzīgu žestu. Citiem vārdiem, jūsu jūtas atbilst domām.

Jūtas mainās atkarībā no tā, ko mēs domājam. Ļaudis, kuri jūt pretīgumu pret tārpiem, sliekām, simtkājiem, jūt starp citu, baudījumu ēdot vistas gaļu, lai arī vistas tieši to arī ēd. Tā ka nav grūti ievērot, cik jūsu jūtas attiecībā pret kaut ko ir atkarīgas no jūsu domām. Neatkarīgi no tā, ar kādiem ļaudīm mēs satiekamies, ko mēs darām, mūsu domām un jūtām jābūt tikai pozitīvām.

Vispirms, lai mūsu domas un jūtas būtu tikai labas, mums vienmēr jāredz, jādzird un jāieliek sevī tikai labestīgu informāciju. Īpaši tas attiecas uz mūsdienām, kad masu informācijas līdzekļi un internets paver pieeju pie jebkurām zināšanām. Ļaunums, cietsirdība, vardarbība, apmāns, egoisms, krāpšana un nodevība šodien dominē vairāk, kā jebkad pagātnē. Ja mēs gribam turēties pie patiesības, tad mums labāk neredzēt, nedzirdēt un pēc iespējas neiedziļināties tamlīdzīgās lietās. Tomēr, pat saskaroties ar tādām parādībām, mēs varam pasmelt priekš sevis to, kas ir patiesība un labestība. Jūs jautāsiet: „Kādā veidā?"

Piemēram, tie, kas bērnībā dzirdējuši briesmīgus stāstus par dēmoniem un vampīriem, izjūt bailes no tiem. Īpaši, ja noskatoties šausmu filmu, viņi paliek vieni tumšā vietā. viņi trīc un izjūt aukstus baiļu drebuļus, izdzirdot skaņas vai ieraugot kādu ēnu. Ja viņš ir viens, tad no bailēm var nonākt šokā pat nieku dēļ.

Bet, ja mēs dzīvojam gaismā, tad Dievs aizsargā mūs, un ļaunie gari nevar pieskarties mums. Tieši pretēji viņi trīcēs no bailēm garīgās gaismas priekšā, kas nāk no mums. Un ja mēs to sapratīsim, tad varēsim izmainīt mūsu jūtas. Mēs ar visu sirdi būsim pārliecināti par to, ka ļaunie gari mums nav bīstami, tādēļ mūsu jūtas var mainīties. Tā kā mēs varam pakļaut sev tumsas pasauli, tad pat, ja dēmoni arī parādās, mēs mācēsim izdzīt tos ar Jēzus Kristus vārdu.

Tagad apskatīsim, vēl vienu gadījumu par ļaužu neadekvātām jūtām. Pirms 20 gadiem es kopā ar draudzi devos svētceļojumā. Griekijas stadionā bija novietota kaila vīrieša statuja. Turpat bija uzraksts, kurš aicināja uz veselīgu dzīvesveidu, uz fiziskām nodarbībām un sportu, jo veseli ļaudis ir veselas nācijas pamats. Tur es ievēroju atšķirību starp tūristiem no Eiropas un mūsu draudzes locekļiem.

Dažas no mūsu draudzes sievietēm, sāka vienkārši fotografēties pie statujas, citas nosarka no apmulsuma. Viņas atgāja no tās vietas, it kā būtu ieraudzījušas tur kaut ko tādu ko nepieklātos redzēt. Viņas nosarka redzot statuju tādēļ, ka viņās bija iekāres domas. Kailums izsauca viņās nepiedienīgas jūtas, kuras arī parādījās redzot kailā vīrieša statuju. Tādi ļaudis gatavi nosodīt pat tos, kas apskata šīs statujas. Bet tūristi no Eiropas likās, nejuta ne samulsumu, ne kaut ko tamlīdzīgu. Viņi skatījās uz šo statuju, redzot tajā tikai brīnišķīgu mākslas darbu.

Šajā gadījumā nevienam nav jānosoda Eiropas tūristus, pārmetot viņiem bezkaunību. Ja mēs saprotam, ka eksistē dažādas kultūras un mainot jūtas, ko radījusi nepatiesība uz patiesību, tad mums nevajadzēs samulst vai kaunēties. Kad Ādamam nebija miesīgo zināšanu, viņš staigāja kails un viņam nebija nekādu neķītru domu. Un šis viņa dzīves periods bija pats brīnišķīgākais.

Treškārt, lai dvēsele funkcionētu patiesībā, mums jāspriež par visu ne tikai pēc personīgiem mēriem, bet arī jāņem vērā citu ļaužu viedoklis.

Ja jūs visu uzņemat, izejot tikai no personīgām zināšanām, pieredzes un domu veida, tad tas rada priekšnoteikumus, lai rastos dvēseles funkcijas, kas naidīgas patiesībai. Šajā gadījumā ir varbūtība, ka jūs sāksiet pielikt no sevis pie citu ļaužu pateiktā, vai otrādi, nepateikt kaut ko. Jūs varat nepareizi izskaidrot, tiesāt un apvainot citus vai dosiet vietu nelāgām jūtām.

Iedomājieties cilvēku, kurš cietis negadījuma rezultātā, žēlojas par stiprām sāpēm. Ļaudis, kuri nav jutuši tamlīdzīgas sāpes, vai mazāk jūtīgi pret sāpēm, var nodomāt, ka šis cilvēks rada daudz trokšņa no nekā. Ja jūs uzņemat citu ļaužu vārdus, izejot no personīgiem priekšstatiem un pieredzes, tad jūsu dvēseles funkcijas vadīs nepatiesība. Ja jūs pacentīsieties nostāties šī cilvēka vietā, tad sapratīsiet, kādas stipras sāpes viņš izjūt.

Ja jūs sapratīsiet cita cilvēka situāciju un pieņemsiet to tādu, kā tā ir, tad sāksiet dzīvot mierā ar visiem. Mūsos nav jābūt ienaidam vai kādam nebūt kautrīgumam. Pat, ja jūs esat cietuši, sadūrušies ar nepatikšanām, dēļ cita cilvēka, bet tomēr no sākuma domāsiet par viņu, tad jūs nesāksiet viņu neieredzēt, jūs vienalga attieksieties pret viņu ar mīlestību un žēlsirdību. Zinot par Jēzus mīlestību, Kuru mūsu dēļ piesita krustā, atceroties par Dieva labestību, jūs varēsiet mīlēt pat savus ienaidniekus. Tas notika ar Stefanu. Pat tad, kad viņu, bez vainas, līdz nāvei nomētāja ar akmeņiem, viņš neizjuta ienaidu pret tiem, kas meta uz viņu akmeņus. Viņš lūdzās par viņiem.

Tomēr, reizēm mums nav viegli iegūt vēlamās dvēseles funkcijas, kuras būtu celtas uz patiesības. Tādēļ mums vienmēr jābūt modriem, sekojot saviem vārdiem un rīcībai, lai mūsu dvēseles funkcijas, ko radījusi nepatiesība mainītos un kļūtu patiesība. Dvēsele var funkcionēt patiesībā pateicoties Dieva spēkam, labvēlībai un Svētā Gara palīdzībai, pēc tā mēra, kā mēs lūdzamies un centīgi uz to tiecamies.

4. Es mirstu katru dienu.

Bija laiks, kad Pāvils vajāja kristiešus savā paštaisnībā un domāšanas stereotipos. Bet satiekot Kungu viņš saprata savas taisnības nepamatotību un savu koncepciju stereotipus, sāka nomirt sev, pat līdz tādai pakāpei, ka uzskatīja visu, ko iepriekš zinājis par muļķībām. Sākumā, kad viņš saprata, ka viņā bija ļaunums, viņa sirdī sākās pretstatu cīņa starp grēku un vēlēšanos darīt labo (Vēst. Romiešiem 7:24).

Bet viņš izteica pateicību ticot, ka dzīvības likums, un Svētais

Gars Jēzū Kristū atbrīvos viņu no grēka un nāves likuma. Vēstulē Romiešiem 7:25, teikts: „Pateicība Dievam, mūsu Kungā Jēzū Kristū! Tā tad nu es ar savu prātu kalpoju Dieva likumam, bet ar savu miesu – grēka likumam," un 1. vēst. Korintiešiem 15:31, teikts: „Es mirstu ikdienas: tik tiešām, kā jūs, brāļi, esat mans gods Kristū Jēzū mūsu Kungā."

Viņš teica: „Es mirstu ikdienas...", tas nozīmē – viņš apgraizīja savu sirdi ikdienas. Tādēļ viņš mācēja atvairīt nepatiesību, kura bija viņā, kā uzpūtība, pašpārliecinātība, ienaids, tiesāšana, dusmas, augstprātība un skopums. Pēc viņa atzīšanās, viņš centās atbrīvoties no šīm īpašībām, cīnoties ar tām līdz pat asinīm. Dievs deva viņam svētību un spēku, ar Svētā Gara palīdzību viņš izmainījās, kļuva par gara cilvēku, kura dvēseles funkcijas realizējās tikai patiesībā. Beigu beigās viņš kļuva par varenu apustuli, kurš izplatīja Evaņģēliju parādot daudzas zīmes un brīnumus.

3. Nodaļa
Miesīgie nodomi

Daudzi ļaudis ir ar tādiem grēkiem, kā skaudība, nosodīšana, apvainošana un iekāres nodomi. Un kaut arī tie nav parādījušies darbos, tie tomēr eksistē cilvēkā un ir grēks.

1. Miesa un miesas darbi.

2. Izteiciena „vāja miesa" nozīme.

3. Miesas nodomi: grēki, kas darīti prātā.

4. Miesas kārība.

5. Acu kārība.

6. Dzīves lepnība.

Ļaudīs ar mirušu garu valdošo stāvokli ieņem dvēsele, kura vada viņa ķermeni. Pieņemsim, ka jums slāpst, jums gribas dzert. Tad dvēsele pavēlēs jūsu rokām paņemt glāzi un pielikt to pie lūpām. Bet, ja šajā momentā kāds jūs apvainos un jūs sadusmosieties, tad jums var rasties vēlēšanās sasist glāzi. Kādu funkciju šajā gadījumā izpilda dvēsele?

Tā notiek, kad sātans nodarbojas ar dvēseles kūdīšanu, saistītu ar miesu. Par cik ļaudis piepildīti ar nepatiesību, par tik velns un sātans var iedarboties uz viņiem. Ja viņi nokļūst zem sātana ietekmes, tad viņiem rodas domas, kas ir naidīgas īstenībai, bet ja viņi padodas sātana intrigām, tad nepatiesība parādās arī viņu rīcībā.

Domu aiz dusmām sasist glāzi, iedvesa sātans, bet ja mēs iesim tālāk un īstenībā metīsim glāzi, tad tas jau būs sātana darbs. Domas – tas ir „miesīgi nodomi", bet rīcība – tas ir „miesas darbi." Mūsu dvēseles funkcijas un rīcība, kas ir pretrunā ar patiesību, rodas no tā, ka ienaidnieks velns un sātans, iestādījis ļaudīs grēcīgu dabu, kura saplūdusi ar cilvēka ķermeni no Ādama grēkā krišanas laika.

1. Miesa un miesas darbi.

Vēstulē Romiešiem 8:13, teikts: „Jo, ja jūs pēc miesas dzīvojiet, tad jums jāmirst. Bet, ja jūs Gara spēkā darāt galu miesas darbībai, tad jūs dzīvosiet."

Ar vārdu „jāmirst" šeit ir domāts, ka jūs sagaida mūžīga nāve ellē. Tādā veidā, vārds „miesa" nozīmē ne tikai mūsu fizisko ķermeni. Tajā ir tāpat arī garīga nozīme.

Tālāk teikts, ka ja mēs darām galu miesas darbībai, tad mēs dzīvosim. Vai tas nozīmē, ka mūsu miesai jāizbeidz, piemēram, sēdēt, gulēt, uzņemt barību un tā tālāk? Protams, ka ne! Šeit ar vārdu „miesa" domāts ķermenis, kurš kalpo kā tilpne vai konteiners, no kura notiek garīgo zināšanu noplūde, ko Dievs dod ļaudīm. Lai saprastu tā garīgo jēgu, mums jāsaprot, kas īstenībā bija Ādams.

Kad Ādams bija dzīvs gars, viņa miesa bija vērtīga un neiznīcīga. Tā nenovecoja, un viņš nevarēja ne nomirt, ne aiziet bojā. Viņa ķermenis bija mirdzošs, brīnišķīgs un garīgs. Viņš izturējās cienījamāk, kā jebkurš aristokrāts uz šīs zemes.

Bet no tā laika, kad grēks iegāja Ādamā, viņa ķermenis, grēkā krišanas rezultātā, zaudēja jebkādu vērtību un pārstāja atšķirties no dzīvnieka ķermeņa. Atļaujiet man izmantot līdzību. Ja iedomājamies tasīti, kurā ieliets šķidrums, tad mūsu ķermeni var salīdzināt ar šo tasīti, bet mūsu garu – ar šķidrumu. Tases vērtība var variēt atkarībā no tās satura. Tas pats notika ar Ādama ķermeni.

Ādamam, kā dzīvam garam bija tikai patiesības zināšanas, kuras viņam deva Dievs, tajā skaitā zināšanas par mīlestību, labestību, patiesību un taisnību. Viņā bija Dieva gaisma. Bet kā tikai Ādama gars nomira, patiesības zināšanas viņā sāka izsīkt, un patiesību sāka izspiest miesīgas vērtības, ar kurām viņu apgādāja ienaidnieks, velns un sātans. Viņš sāka mainīties izdabājot nepatiesībai, kura kļuva par viņa daļu. Rakstīts: „... Gara spēkā darāt galu miesas darbībai." Šeit ar „miesas darbiem" ir domāta darbība, ko dara miesa, kura saplūdusi ar netaisnību.

Piemēram, ir ļaudis, kuri dusmu stāvoklī vicinās ar dūrēm, sit durvis un demonstrē citus rupjas uzvedības piemērus. Daži izmanto necenzētus vārdus burtiski katrā teikumā. Cits ar uzbudinājumu skatās uz pretējā dzimuma pārstāvjiem un uzvedās piedauzīgi.

Pie miesas darbiem attiecas ne tikai acīmredzama grēcīga rīcība, bet arī jebkuras darbības, kas nav pilnīgas Dieva acīs.

Ļaudīm runājot par kaut ko, vai par kādu, viņi nevilšus norāda uz viņu pusi ar pirkstu. Daži sarunājoties tā pastiprina balsi, ka rodas iespaids, ka viņi ar kādu strīdas. Tas viss – ikdieniškas lietas, bet to iemesls – mūsu miesas sajaukšanās ar nepatiesību.

Bībelē vārdu „miesa" var sastapt diezgan bieži. Jāņa Evaņģēlijā 1:14, „miesa" tiek pielietota burtiskā šī vārda nozīmē: „Un Vārds tapa miesa un mājoja mūsu vidū, un mēs skatījām Viņa godību, tādu godību kā Tēva viendzimušā Dēla, pilnu žēlastības un patiesības." Bet lielākajā daļā tajā ir iekļauta noteikta garīga nozīme.

Vēstulē Romiešiem 8:5, rakstīts: „Jo miesas cilvēki tiecas pēc miesas lietām, bet Gara cilvēki pēc Gara lietām." Un tāpat Vēstulē Romiešiem 8:8, teikts: „Miesas cilvēki nevar patikt Dievam."

Vārds „miesa" šeit tiek lietots garīgā nozīmē, norādot uz grēcīgo dabu, kas saplūdusi ar miesu. Tas ir – grēcīgās dabas un miesas apvienojums, no kuras notikusi garīgo zināšanu aizplūšana. Ienaidnieks, velns un sātans, iedēstījis ļaudīs grēcīgu dabu, un tā visā savā daudzveidībā integrējusies cilvēka miesā. Tā ne uzreiz parādās darbībā, bet tās īpašības, kuras tagad ir klātesošas ļaudīs, var jebkurā brīdī parādīties viņu darbos.

Kad mēs runājam par katru no šīm miesas īpašībām, tad mēs saucam tās par „miesas nodomiem." Ienaids, skaudība,

Dvēseles formēšanās

greizsirdība, meli, viltība, augstprātība, naids, nosodīšana, apvainošana, iekāre, alkatība – tas viss miesa, bet katrs no tiem atsevišķi – „miesas nodoms."

2. Teiciena „miesa ir vāja" nozīme.

Kamēr Jēzus lūdzās Ģetzemanes dārzā, viņa mācekļi aizmiga. Jēzus teica Pēterim: „Esiet modrīgi un lūdziet Dievu, ka jūs neiekrītat kārdināšanā, gars gan ir labprātīgs, bet miesa ir vāja," (Mateja 26:41). Tomēr tas nenozīmē, ka mācekļi bija fiziski vāji. Pēteris bija spēcīgas miesas uzbūves, jo strādāja par zvejnieku. Ko gan tad nozīmē vārdi „miesa ir vāja"?

Tas nozīmē, ka, tā kā Pēteris vēl nebija saņēmis Svēto Garu, viņš bija miesīgs cilvēks, kurš nebija līdz galam atbrīvojies no grēkiem, nebija iekopis ķermeni, kuru vadītu gars. Kad cilvēks novēršas no grēkiem, paliek garīgs, tas ir, kad viņš kļūst par gara un patiesības cilvēku, viņa dvēseli un ķermeni vada gars. Tādēļ, pat ja viņš jūt fizisku nogurumu, tad sirdī būdams nomodā, viņš var nekrist snaudā.

Bet tajā laikā Pēteris vēl nebija iegājis garā, un tādēļ viņš nevarēja kontrolēt miesā esošo nogurumu un slinkumu. Tā ka, lai kā viņš gribētu būt nomodā, viņam nekas nesanāca. Viņš bija ierobežots ar savām fiziskajām iespējām. Vārdi „miesa ir vāja" nozīmē cilvēka fizisko iespēju ierobežotību.

Bet pēc Augšāmcelšanās un Jēzus Kristus pacelšanās debesīs, Pēteris saņēma Svētā Gara dāvanu. Pēc tā viņš ne tikai varēja vadīt savu miesu, bet tāpat dziedināt daudzus slimos un pat uzcelt nomirušos. Viņš izplatīja Evaņģēliju ar neparastu ticības spēku un pārdrošību, un izvēlējās būt piesists krustā ar galvu uz leju.

Jēzus izplatīja Dieva Valstības Evaņģēliju un dziedināja slimos gan dienu, gan nakti, pie tam Viņš nebija pietiekami izgulējies un paēdis. Bet Viņa miesu vadīja gars, tādēļ pat tad, kad Viņš bija ļoti noguris, Viņš vienalga varēja lūgties līdz pat tam, ka Viņa sviedri sāka pārvērsties asins lāsēs, kas krita uz zemi. Jēzum nebija ne iedzimtā, ne paša darītā grēka. Tādēļ Viņš varēja kontrolēt Savu ķermeni ar garu.

Daži ticīgie grēko, taisnojoties: „Mana miesa ir vāja." Bet viņi tā saka, jo nezina šī teiciena garīgo jēgu. Mums jāsaprot, ka Jēzus izlejot Savas Asinis uz krusta, izpircis mūs no mūsu grēkiem un vainām. Mēs varam būt veseli garā un ķermenī un esot ar ticību un paklausību Dieva Vārdam, darīt tādus darbus, kuri pārspēj ierobežotās cilvēciskās iespējas. Bez tam, mums ir Svētā Gara palīdzība; tā ka mums nav jāsaka, ka mēs nevaram lūgties, vai, ka mums nekas cits neatliek, kā grēkot, jo mūsu miesa ir vāja.

3. Miesīgi nodomi: grēki, kas darīti prātā.

Kad cilvēkos ir miesa, citādi runājot, grēcīgā daba, kura saplūdusi vienā veselā ar viņu ķermeni, tad viņi grēko ne tikai prātā, bet arī darbos. Ja viņiem ir raksturīgi melot, tad viņiem nelabvēlīgā situācijā, viņi apmelos citus sev par labu. Ja grēki tiek darīti tikai prātā vai sirdī, bet ne darbos, tad tie – „miesīgi nodomi."

Pieņemsim, jūs ieraudzījāt skaistu juvelierizstrādājumu, kurš pieder jūsu kaimiņam. Ja jūs vienkārši padomājat par to, ka paņemtu to sev, tas ir nozagtu, tad jau jūs esat izdarījuši grēku sirdī.

Vairākums ļaužu neuzskata to par grēku. Bet Dievs izmeklē sirdi un pat velnam un sātanam, zināma šī ļaužu sirds daļa, tādēļ viņš var izvirzīt pret jums apsūdzības. Tāda veida grēki ir grēcīgi nodomi.

Mateja Evaņģēlijā 5:28, Jēzus saka: „Bet es jums saku: ikviens, kas uzskata sievu, to iekārodams, tas ar viņu laulību jau ir pārkāpis savā sirdī." Pirmajā Jāņa vēstulē 3:15, teikts: „Katrs, kas savu brāli ienīst, ir slepkava, un jūs zināt, ka neviens slepkava nepatur sevī mūžīgo dzīvību." Ja jūs grēkojat sirdī, tad ar to pašu tiek ielikti pamati, lai izdarītu arī grēku darbos.

Uz jūsu sejas var būt smaids, un jūs radāt iespaidu, ka mīlat cilvēku, bet īstenībā jūs viņu neieredzat tā, ka gribat iesist. Ja notiks kaut kas tāds, ka jūs vairāk nevarēsiet samierināties ar situāciju, tad jūsu naids izrausies ārpusē, un jūs varat sastrīdēties, vai pat sakauties ar šo cilvēku. Bet, ja jūs atbrīvojaties no grēcīgās ienaida dabas, tad jūs pārstāsiet neieredzēt to cilvēku, pat ja viņš nostādīs jūs grūtā situācijā.

Vēstulē Romiešiem 8:13, rakstīts: „Jo, ja jūs pēc miesas dzīvojat, tad jums jāmirst," un ja jūs neatbrīvosieties no miesīgiem nodomiem, tad beigu rezultātā jūs sāksiet darīt miesas darbus. Taču Rakstos teikts: „... ja jūs gara spēkā darāt galu miesas darbībai, tad jūs dzīvosiet." Tādā veidā dievbijīgus un svētus darbus var darīt, attīrot no sevis miesīgus nodomus, vienu pēc otra. Tad, kā gan mums ātri atbrīvoties no miesīgiem nodomiem un darbiem?

Vēstulē Romiešiem 13:13-14, teikts: „Dzīvosim cienīgi, kā diena to prasa, nevis dzīrēs un skurbumā, izvirtībā un izlaidībā, ķildās un naidā. Bet, lai jūsu bruņas ir Kungs Jēzus Kristus, un nelutiniet miesu, lai nekristu kārībās." Bet 1. Jāņa vēstulē 2:15-16, teikts: „Nemīliet pasauli nedz to, kas ir pasaulē. Ja kāds mīl pasauli, tad viņā nav Tēva mīlestības. Jo viss, kas ir pasaulē – miesas kārums, acu kārums un dzīves lepnība – tas nav no Tēva, bet ir no pasaules."

Šie panti dod mums iespēju saprast, ka aiz visām pasaulīgām lietām stāv miesas kārība, acu kārība un dzīves lepnība. Iekāre – enerģijas avots, kas tiek barots no ļaužu vēlmēm meklēt un saņemt pārejošās pasaules lietas. Tas ir varens spēks, kurš piespiež ļaudis ar labvēlību attiekties pret pasaulīgām izpriecām, mīlēt tās.

Tagad atgriezīsimies pie notikuma, kurš aprakstīts 1. Mozus 3:6, kad Ievu kārdināja čūska: „Un sieva redzēja, ka koks ir labs, lai no tā ēstu, un ka tas ir jo tīkams acīm un iekārojams, ka dara gudru. Un viņa ņēma no tā augļiem un ēda, un deva arī savam vīram, kas bija ar viņu, un viņš ēda."

Čūska teica Ievai, ka viņa var kļūt tāda pat, kā Dievs. Tajā momentā, kad viņa piekrita šiem vārdiem, viņā iekļuva grēcīgā daba un iemājoja viņā miesas veidā. Un tad miesas kārība izdarīja savu darbu: viņa ieraudzīja, ka auglis ir labs ēšanai. Acu kāre darīja augli tīkamu acīm. Dzīves lepnība parādījās vēlmē ēst augli, kurš dod zināšanas. Kā tikai Ieva padevās šai iekārei, viņai sagribējās apēst augli, ko viņa arī izdarīja. Pagātnē viņai vispār nebija nodoma nepaklausīt Dieva Vārdam, bet viņā radusies iekāre darīja augli iekārojamu un tīkamu. Un tā kā viņai sagribējās kļūt tādai pat, kā Dievs, rezultātā viņa aizgāja no paklausības Dievam.

Miesas kārība, acu kārība un dzīves lepnība piespiež mūs uzskatīt par labu un patīkamu to, kas ir grēks un ļaunums. Tas stimulē miesīgu domu rašanos, kuras beigu beigās pārvēršas miesas darbos. Tādēļ, lai atbrīvotos no miesīgiem nodomiem, mums vispirms jāatbrīvojas no šiem trim iekāru veidiem. Pēc tam mēs varēsim sākt attīrīt savu sirdi no pašas miesas.

Ja Ieva zinātu, kādas ciešanas viņai atnesīs auglis, kuru viņa apēdīs, viņa to neuzskatītu ne par labu ēšanai, ne par tīkamu acīm. Visdrīzāk viņa piesargātos pieskarties tam vai pat uzlūkot to, nerunājot jau par to, lai ēstu. Tā ka, zinot, kādas ciešanas mums atnesīs bīstamā mīlestība uz pasauli, un ka tā nes sev līdzi sodu ellē, mēs noteikti nemīlēsim pasauli. Apzinoties visa pasaulīgā bezvērtību un nīcību, mēs varēsim viegli atteikties no savām miesīgām vēlmēm. Atļaujiet man apstāties pie tā detalizētāk.

4. Miesas kārība.

Miesas kārība – tā ir vēlme pakļauties miesai un darīt grēkus. Kad jūsos ir tādas īpašības kā ienaids, ļaunums, egoisms, iekāre, skaudība un lepnība, tās provocē miesas kārību. Kad mēs nokļūstam situācijā, kura var uzjundīt mūsu grēcīgo dabu, tad mūsos mostas interese un ziņkāre. Pēc tām seko sajūta, ka grēks ir labs un tīkams. No šī momenta miesas nodomi kļūst skaidri un tie iemiesojas miesas darbos.

Dvēseles formēšanās

Ņemsim, kā piemēru, jaunatgriezto, kurš nolēmis atmest dzeršanu, bet viņš vēl cīnās ar vēlmi dzert, tas ir ar miesas nodomiem. Ja viņš ies uz bāru, kur ļaudis dzer alkoholu, tad vēlme iedzert, miesas kāre, tiks stimulēta. Tas arī izprovocēs cilvēku vispirms iedzert, bet pēc tam piedzerties.

Atļaujiet man minēt citu piemēru. Ja mums ir raksturīgi nosodīt un apvainot, tad mums būs nosliece uz to, lai klausītos tenkas par ļaudīm. Mums varētu šķist, ka tas ir jautri – klausīties un apspriest tenkas ar apkārtējiem. Ja mūsos ir naids, tad situācijā, kura mūs neapmierina, mēs jutīsimies labāk, ja šo naidu uz kādu izliesim. Ja mēs pacentīsimies sevi apvaldīt un nepieļaut tādas miesas izpausmes, kā naidu, tad tas priekš mums būs daudz mokošāk un grūtāk. Ja mūsos ir lepnība, tad tajā ielikts arī lielīgs raksturs. Mēs varam tāpat gribēt, sekojot savai lepnībai, lai citi kalpotu mums. Vēloties kļūt bagāti, mēs centīsimies ar visu taisnīgo un netaisnīgo panākt finansiālu labklājību, pat par citu ļaužu izpostīšanas un ciešanu cenu. Jo vairāk mēs grēkojam, jo stiprāka miesas kāre.

Bet pat, ja cilvēks tikko sācis ticēt un viņa ticība vēl vāja, tomēr viņš karsti lūdzas, saņem svētību un sadraudzību ar citiem draudzes locekļiem un piepildās ar Svēto Garu, tad viņa miesas kāri nebūs tik viegli stimulēt. Ja pat miesas kāre atklāsies viņa apziņas stūrītī, patiesība palīdzēs viņam uzreiz atbrīvoties no tās. Bet, ja viņš pārstāj lūgties un zaudē Svētā Gara pilnību, tad ar to viņš dod vaļu ienaidniekam velnam un sātanam, lai viņš no jauna sāktu stimulēt viņā iekāri.

Un tā, kam tiek dota īpaša nozīme miesas kāres procesu apgraizīšanā? Ļoti svarīgi saglabāt Svētā Gara pilnību, lai jūsu tieksme uz garu būtu stiprāka, nekā tieksme uz miesu. Mums, kā tas teikts 1. Pētera vēstulē 5:8, jābūt garīgi modriem: „Esiet skaidrā prātā, esiet modrīgi! Jūsu pretinieks velns staigā apkārt kā lauva rūkdams un meklē, ko tas varētu aprīt."

Lai būtu garīgi modri, mūsu karstām lūgšanām jābūt bez pārtraukuma. Ja pat mēs esam ļoti aizņemti, strādājot priekš Dieva, mēs pārstājot lūgties, tomēr pazaudēsim Svētā Gara pilnību. Tad pavērsies ceļš miesas kāres stimulēšanai. Un tad mēs sāksim grēkot sākumā prātā, bet pēc tam jau darbos. Lūk, kādēļ Jēzus, Dieva Dēls, parādīja mums labu piemēru, nepagurstoši lūdzoties visas Savas zemes dzīves laikā. Viņš nekad nepārtrauca lūgties, lai kontaktējoties ar Tēvu pildītu Viņa prātu.

Protams, ja jūs atbrīvojaties no grēkiem un kļūstat svēti, tad miesas kāre neparādīsies un tādēļ jūs nepadosieties miesai un nesāksiet grēkot. Tādēļ ticīgie, kas kļuvuši nevainojami, lūdzas ne par to, lai atbrīvotos no miesas, bet par to, lai saņemtu lielu Gara pilnību un vēl vairāk paplašinātu Dieva Valstību.

Kas notiek, ja jūsu apģērbs nošļakstīts ar netīrumiem?

Mēs tak nesāksim vienkārši nopurināt savas drēbes, bet mēs tās izmazgāsim ar ziepēm, lai pilnībā iztīrītu netīrumus un nepatīkamo smaku. Ja mēs atklāsim uz savām drēbēm kādu kukaini vai tārpu, tad mēs nepatikā nekavējoši to nopurināsim . Bet grēki mūsu sirdī daudz pretīgāki un nepatīkamāki, kā jebkuri netīrumi un tārpi. Mateja Evaņģēlijā 15:18, rakstīts: „Bet kas no mutes iziet, tas nāk no sirds, un tas sagāna cilvēku"; tas ir grēki sagrauj cilvēka kaulus un smadzenes un izsauc stipras sāpes.

Kā būs, ja sieva atklās, ka viņas vīram ir blakus sakars? Cik gan viņai tas būs sāpīgi! Tas pats notiks, ja būs otrādi. Laulības pārkāpšana novedīs pie strīdiem, miers būs izjaukts, un ģimene var tikt arī izjaukta. Tādēļ mums, cik vien ātri iespējams jāatbrīvojas no miesas kāres, kura dzemdē grēku un nevēlamas sekas.

5. Acu kāre.

Acu kāre stimulē sirdi ar to, ko cilvēks dzird un redz un mudina viņā miesīgas iegribas. Kaut arī saka „acu kāre", bet šī acu kāre ieiet cilvēka sirdī tajā procesā, ko viņš redz un dzird un izjūt savā dzīvē. Tas ir tas, ko cilvēks redz un dzird, kas aizskar viņa sirdi un formē viņa jūtas, kas arī attīsta viņa acu kāri.

Ja to, ko jūs redzat, pavada jūtas, tad tās pašas jūtas no jauna parādās jūsos, kad jūs atkal ieraudzīsiet kaut ko līdzīgu. Un pat nav obligāti ieraudzīt; ja jūs vienkārši dzirdēsiet kaut ko netieši saistītu ar agrāk redzēto, tad tas atgādinās jums par jūsu pagātnes pieredzi, kas arī kļūs par stimulu, lai radītu acu kāri. Ja jūs turpināt nodoties acu kārei, tad tā izprovocē miesas kāri, un tas beidzas ar to, ka jūs izdarāt grēku.

Kas notika, kad Dāvids ieraudzīja mazgājamies Ūrijas sievu Batsebu. Viņš nenovērsa acu kāri, bet padevās tai, un tas izprovocēja viņā miesas kāri, kas noveda pie vēlmes iegūt šo sievieti. Un rezultātā, viņš ieguva viņu un pat izdarīja citu grēku, nosūtot viņas vīru Ūriju kaujā, kur viņu gaidīja droša nāve. Izdarījis to Dāvids radīja sev nopietnus pārbaudījumus.

Ja mēs neatmetam acu kāri, tad tā turpina stimulēt mūsu grēcīgo dabu. Piemēram, pietiekoši skatīties uz kaut ko piedauzīgu, lai pamudinātu grēcīgo laulības pārkāpēja prāta dabu. Tas, ko mēs redzam ar savām acīm uzbudina acu kāri, un sātans aizved mūsu domas nepatiesības virzienā.

Tie, kas tic Dievam, nedrīkst pieļaut acu kāri. Jums nav jāredz vai jādzird to, kas nav patiesība, un jums pat nav jāatrodas tajās vietās, kur jūs varat kontaktēties ar to, kas naidīgs patiesībai. Lai arī, cik jūs nelūgtos, negavētu vai caurām naktīm nelūgtos, lai attālinātu miesu, bet ja jūs neatbrīvosieties no acu kāres, miesas kāre pieņemsies spēkā, un tai būs visas iespējas izaugsmei. Rezultātā, jums nebūs viegli atbrīvoties no miesas un jums liksies, ka cīnīties ar grēkiem ir ļoti grūti.

Piemēram, karā, ja karavīri aplenktā pilsētā saņem papildspēkus no ārpuses, tad viņiem parādās spēki cīnīties tālāk. Šajā gadījumā ne tik vienkārši būs iznīcināt ienaidnieka spēkus, kas atrodas pilsētas iekšpusē. Tādēļ, lai uzvarētu pilsētu, mums vispirms tā jāielenc un jāpārtrauc munīcijas piegādes kanāli, lai ienaidnieka spēkiem nebūtu pieejas pie pārtikas un bruņojuma. Ja mēs turpinām uzbrukt pieturoties pie šīs stratēģijas, tad beigu beigās ienaidnieks būs iznīcināts.

Ja, izmantojot šo piemēru, uzskatīt nepatiesību vai miesu, kā ienaidnieka spēkus, kas nocietinājušies pilsētā, tad pastiprinājums no ārpuses – tas ir acu kāre. Ja mēs nenorobežojam pieeju acu kārei, tad nevarēsim atbrīvoties no grēkiem, lai arī cik mēs negavētu un nelūgtos, tādēļ, ka grēcīgā daba turpina saņemt spēku. Tādēļ, pirmkārt, mums jāatbrīvojas no acu kāres, jālūdzas un jāgavē, lai atbrīvotos no savas grēcīgās dabas. Tad Dieva spēks, Viņa svētība un Svētā Gara pilnība palīdzēs atbrīvoties no tās.

Atļaujiet man minēt vienkāršu piemēru. Ja mēs turpinām liet tīru ūdeni traukā, kas piepildīts ar netīru ūdeni, tad netīrais ūdens beigu beigās kļūs tīrs. Bet, kas notiks, ja mēs vienlaicīgi pievienosim gan tīro ūdeni, gan arī netīro? Tad ūdens traukā tā arī paliks netīrs. Kāds labums pieliet ūdeni, ja mēs turpinām pievienot arī netīru ūdeni. Tieši tāpat arī mums vairāk jāiedziļinās patiesībā, un nav jāpieļauj nepatiesība, lai atbrīvotos no miesas un radītu sevī gara sirdi

6. Dzīves lepnība.

Ļaudīm, kā likums, raksturīga vēlēšanās palielīties. „Dzīves lepnība" – tā ir mūsos mājojošā godkāre un vēlme lielīties ar to, kas dod mums apmierinājumu dzīvē. Piemēram, ļaudis sliecas lielīties ar savu ģimeni, bērniem, vīru, sievu, dārgu apģērbu, labu māju vai rotājumiem. Viņi vēlas, lai viņu āriene un talanti būtu attiecīgi novērtēti. Viņi pat lielās ar draudzību ar ievērojamiem cilvēkiem vai slavenībām. Ja jūsos ir dzīves lepnība, tad jūs augstu vērtēsiet pasaules bagātību, slavu, zināšanas, talantus, visus ārējos šīs pasaules atribūtus un ar entuziasmu tieksieties, lai visu to iegūtu.

Bet kāds labums lielīties ar tamlīdzīgām lietām? Salamans mācītājs 1:2-3, saka, ka viss zem saules – niecību niecība. Psalmā 103:15, rakstīts: „Cilvēks savā dzīvē ir kā zāle, viņš zied kā puķe laukā"; tā ka lielīties šajā pasaulē nav ar ko, un tas nevar dot patiesu vērtību mūsu dzīvei. Visdrīzāk, tā ir naida izpausme pret Dievu, ka Viņš pievedīs mūs nāvei. Ja mēs atbrīvosimies no bezvērtīgās miesas, tad kļūsim brīvi no lielības un iekāres un sekosim tikai patiesībai.

Pirmajā vēstulē Korintiešiem 1:31, teikts, ka lielīgajam jālielās tikai ar Kungu. Tas nozīmē, ka mums jālielās ne priekš tā, lai paaugstinātu sevi, bet, lai pagodinātu Dievu. Tas ir mēs varam lielīties ar krustu un Kungu, Kurš glāba mūs, un Debesu Valstību, kuru Viņš sagatavojis priekš mums. Un vēl mums jālielās ar labo, svētībām, godu un visu to, ko Dievs mums devis. Dievam patīk, kad mēs lielāmies Kungā, un Viņš atmaksā mums par to ar materiālām un garīgām svētībām.

Cilvēka pienākums – izjust dievbijību un mīlestību pret Dievu, un katra cilvēka vērtību nosaka tas mērs, kādā viņš kļūst par gara cilvēku (Salamans mācītājs 12:13).

Kā tikai mēs atbrīvosimies no grēkiem un ļaunuma, tas ir no miesas darbiem un miesīgiem nodomiem, un atjaunosim sevī zaudēto Dieva veidolu, mēs varēsim pacelties augstāk par pirmā cilvēka Ādama līmeni, kurš bija dzīvs gars. Tas nozīmē, ka mēs kļūsim gara pilnības ļaudis. Tādēļ mums nav jāpiegādā stiprinājums savai miesai – tās kārei, bet tā vietā jāietērpjas Jēzū Kristū mūsu Kungā.

4. Nodaļa
Augstāk par dzīvā gara līmeni

Kā tikai mēs atbrīvojamies no miesīgām domām, izzūd arī tās dvēseles funkcijas, kuras bija saistītas ar miesu, un dvēsele funkcionēs tikai ar garu. Dvēsele sāks pakļauties gara vadībai, visā piekrītot un sakot „āmen." Kad saimnieks izpilda saimnieka pienākumus, bet kalps – kalpa pienākumus, tad mēs sakām, ka mūsu dvēsele gūst sekmes.

1. Cilvēku siržu aprobežotība.

2. Kļūt par cilvēku, kas dzimis no Gara.

3. Dzīvais Gars un iekoptais gars.

4. Garīgā ticība – tā ir patiesā mīlestība.

5. Virzienā uz svētumu.

Jaundzimuši bērni – tie jau ir cilvēciskas būtnes, bet viņi vēl nevar rīkoties, kā pilnvērtīgi ļaudis. Viņiem nav nekādu zināšanu. Viņi nevar atpazīt pat savus vecākus. Patstāvīgi viņiem neizdzīvot. Tieši tāpat arī Ādams, kurš bija radīts kā dzīvs gars, sākumā nemācēja darīt to, ko jādara cilvēkam. Viņš kļuva pilnvērtīga būtne tikai pēc tam, kad piepildījās ar garīgām zināšanām. Pakāpeniski iegūstot garīgās zināšanas, saņemtas no Dieva, viņš kļuva par visas radības pārvaldnieku. Tajā laikā Ādama sirds arī bija pats gars, tādēļ nebija vajadzības pielietot vārdu „sirds."

Bet pēc tā, kā viņš sagrēkoja, viņa gars nomira. Garīgās zināšanas viņā pakāpeniski izsīka, un to vietu ieņēma miesīgas zināšanas, ar kurām viņu apgādāja ienaidnieks velns un sātans. Viņa sirdi vairs nevarēja nosaukt par „garu", un no tiem laikiem tā sāka saukties par „sirdi".

No sākuma Ādama sirds bija radīta pēc Dieva līdzības, Kurš ir Gars. Ādama sirds varēja bezgalīgi paplašināties, piepildoties ar garīgām zināšanām. Bet pēc grēkā krišanas, nepatiesības zināšanas apklāja viņa garu, un tad viņa sirds sāka būt ar noteiktiem ierobežojumiem. Caur dvēseli, kura ieņēma galveno stāvokli, ļaudīs sāka iekļūt visas iespējamās zināšanas, kuras viņi izmantoja visdažādākos veidos. Attiecīgi ar iegūtajām zināšanām un dažādām metodēm to pielietošanā mainījusies arī cilvēka sirds struktūra.

Tādā veidā tie, kas ir ar salīdzinoši lielu sirdi, vienalga nevar iziet no ierobežotajām iespējām, kas radušās no paštaisnības, personīgiem standartiem un pašu teorijām. Bet kā tikai mēs pieņemam Kungu Jēzu Kristu, mēs saņemam dāvanā Svēto Garu, Kurš dod dzimšanu jūsu garam, un mēs varam iziet aiz ierobežotajām cilvēka iespējām. Vēl vairāk tādā pat mērā, kādā mēs veidojam savu garīgo sirdi, mēs varam apjaust un iepazīt garīgās pasaules bezgalību.

1. Cilvēka sirds aprobežotība.

Kad ļaudis, kurus vada dvēsele klausās Dieva Vārdu, tad svētruna vispirms ieiet viņu smadzenēs, bet pēc tam viņi pieslēdz cilvēciskas domas. Tādēļ viņi nevar pieņemt Viņa Vārdu ar savu sirdi. Dabīgi, ka viņi nevar ne saprast garīgās vērtības, ne izmainīt sevi patiesībā. Viņi cenšas sasniegt garīgo pasauli balstoties uz saviem ierobežotajiem priekšstatiem, tādēļ viņiem raksturīgi nosodīt. Viņi daudz maldās un izsaka nosodījumus pat vēršot tos uz Bībeles patriarhiem.

Viņi saka, ka, kad Dievs pavēlēja Ābrahāmam pienest upurim vienīgo dēlu Īzaku, viņam vajadzēja būt grūti paklausīt. Un saka viņi apmēram sekojošo: „Dievs pieļāva Ābrahāmam trīs dienu laikā iet līdz Morijas kalnam, lai pārbaudītu Ābrahāma ticību; Ābrahāms visu ceļu protams stipri cieta domājot, vai viņam paklausīt Dieva pavēlei vai nē. Bet beigu beigās, viņš nolēma paklausīt Dieva vārdam."

Vai īstenībā šīs grūtības Ābrahāmam bija? Viņš izgāja agrā rītā, pat neapspriežoties ar savu sievu Sāru. Viņš pilnībā uzticējās Dieva spēkam un labestībai, Kurš var uzcelt no mirušiem. Šī iemesla dēļ viņš bija gatavs atdot savu dēlu bez jebkādām šaubām. Dievs redzēja viņa iekšējo sirdi un atzina viņa ticību un mīlestību. Rezultātā Ābrahāms kļuva par ticības tēvu un bija nosaukts par Dieva draugu.

Ja cilvēks nesaprot, kāds ticības līmenis un paklausība patīk Dievam, tad viņam būs tamlīdzīgi maldi, tādēļ ka viņa domāšana ierobežota ar viņa sirds un viņa ticības standartiem. Bet mēs saprotam tos, kas mīl Dievu vairāk par visu un tik ļoti cenšas patikt Dievam, ka attīra sevi no visiem grēkiem un pilnveido sevī gara sirdi.

2. Kļūt par cilvēku, kas dzimis no gara.

Dievs ir Gars, tādēļ Viņš vēlas, lai Viņa bērni arī kļūtu par garīgiem ļaudīm. Kā tad mums kļūt par ļaudīm, kas dzimuši no Gara, kuru gars vada dvēseli un miesu? Vispirms mums nepieciešams atbrīvoties no domām, kas nav savienojamas ar patiesību, tas ir no miesīgām domām, lai sātans nevarētu paņemt mūs zem savas kontroles. Mums jādzird Svētā Gara balss, Kurš maina mūsu sirdis pēc patiesības Vārda. Mūsu dvēselei pilnībā jāpakļaujas šai balsij. Kad mēs dzirdam Dieva Vārdu, mums tas jāpieņem sakot „āmen" un karsti lūdzoties, jātiecas saprast Viņa Vārda garīgo jēgu.

Tas dos mums iespēju saņemt Svētā Gara pilnību, mūsu gars ieņems vadošo stāvokli, un mēs varēsim tuvoties garīgai dimensijai, esot sadraudzībā ar Dievu katru dienu. Tādā veidā, kad dvēsele pilnībā paklausa savam saimniekam, garam, tad mēs sakām, ka mūsu gars „gūst sekmes." Ja mūsu gars gūst sekmes, tad arī mēs būsim veseli un gūsim sekmes visā.

Ja mēs labi saprotam, kā funkcionē mūsu dvēsele un atjaunojam to līdz tādam līmenim, kā to vēlas Dievs, tad sātans pārstāj vērst pret mums intrigas. Tā mēs varam atjaunot sevī Dieva veidolu, ko zaudēja Ādams grēkā krišanas rezultātā. Tad būs sakārtota cienīga kārtība starp garu, dvēseli un ķermeni, pie kuras mēs varēsim kļūt par patiesiem Dieva bērniem. Un šajā gadījumā mēs varēsim pacelties augstāk par dzīvā gara līmeni, kas bija Ādamam. Mēs ne tikai saņemsim varu un spēku, lai vadītu visu, bet tāpat baudīsim mūžīgo prieku un laimi Debesu Valstībā, kura ir augstākā līmenī kā Ēdenes dārzs. Kā arī rakstīts Otrajā vēstulē Korintiešiem 5:17: „Tādēļ, ja, kas ir Kristū, tas ir jauns radījums; kas bijis, ir pagājis, redzi viss ir tapis jauns," mēs kļūsim pilnīgi jauni radījumi Kungā.

3. Dzīvais Gars un iekoptais gars.

Kad mēs paklausām Dieva pavēlēm, Kurš saka mums nedarīt noteiktas lietas, un kaut ko glabāt, tad ar to ir domāts, ka mums jāatsakās no miesas darbiem, jāglabā sevi patiesībai. Par cik mēs tajā gūstam sekmes, par tik mēs arī pieaugsim garā. Kamēr mēs paliekam miesīgi ļaudis, kuri dzīvo nepatiesībā, mums būs dažādas problēmas un slimības; bet kā tikai mēs kļūsim par garīgiem ļaudīm mēs būsim veseli, un mēs gūsim sekmes visā.

Un vēl, kā tikai mēs atsacīsimies no ļaunuma, tas ir no tā, no kā Dievs pavēl mums atteikties mūsu miesīgie nodomi būs likvidēti, tā ka mēs iegūsim dvēseli, kas ir uzticīga patiesībai. Sākot domāt tikai par patiesību, mēs vēl skaidrāk dzirdēsim Svētā Gara balsi. Ja mēs pilnībā paklausīsim Dieva pavēlēm, Kurš saka mums ko glabāt un no kā atteikties un nedarīt, tad mūs var nosaukt par garīgiem ļaudīm, kuros nav nekādas netaisnības. Bez tam, ja mēs pilnībā izpildām Dieva pavēlēs norādītās lietas, kas mums jāpilda, tad mēs ieiesim gara pilnībā.

Vēl vairāk, ir liela atšķirība starp garīgiem ļaudīm un Ādamu, kurš bija dzīvs gars. Ādamam nebija nekādas pieredzes saskarsmē ar miesu, kuru izjūt cilvēce savā izaugsmes gaitā; tā kā viņu nevarēja uzskatīt par pilnībā garīgu būtni. Viņš neko nezināja par bēdām, sāpēm, nāvi vai šķiršanos, kuru iemesls bija miesa. Tas nozīmē, ka viņā nebija ne īstas atzīšanas, ne pateicības vai mīlestības. Un kaut arī Dievs ļoti mīlēja Ādamu, tas nevarēja novērtēt, cik brīnišķa bija Viņa mīlestība. Viņš baudīja pašas labākās lietas, bet nevarēja saprast, cik viņš bija laimīgs. Viņš nevarēja būt īsts Dieva bērns un dalīties savā sirdī ar Dievu. Tikai pēc tā, kad cilvēks iziet caur miesas pieredzi un iepazīst tās sekas, viņš var kļūt par patiesi garīgu būtni.

Kad Ādams bija dzīvs gars, viņš nesaskārās ne ar ko miesīgu. Tādā veidā vienmēr pastāvēja varbūtība, ka saskaroties ar miesu, viņš noies neceļos. Ādama gars nebija pilnīgs un pabeigts gars tā pilnā nozīmē, bet bija gars, kurš var nomirt. Lūk, kādēļ viņu nosauca par dzīvu dvēseli, tas ir, pēc būtības par dzīvu garu. Šajā gadījumā kāds var pajautāt: kā tad dzīvs gars var padoties sātana kārdinājumam? Atļaujiet man pievest piemēru.

Pieņemsim, ka ģimenē ir divi ļoti paklausīgi bērni. Viens no viņiem kaut kā apdedzinājās ar verdošu ūdeni, bet otrs ne reizi nav apdedzinājies. Vienreiz māte, norādot uz tējkannu ar verdošu ūdeni, teica viņiem nepieskarties tai. Viņi, kā parasti, paklausīja mātei un nepieskārās pie tējkannas.

Bet viens no viņiem, vienreiz pārliecinājies tajā, cik bīstama ir verdoša tējkanna, ar gatavību labprāt paklausīt. Viņš tāpat saprot mīlošo mātes sirdi, kura cenšas pasargāt un brīdināt viņus. Pretēji viņam, cits bērns, kuram nav līdzīgas pieredzes, ieraugot tējkannu no kuras nāk tvaiki, parāda ziņkāri. Viņš visdrīzāk nesaprot savas mātes nodomus. Un tādēļ vienmēr pastāv varbūtība, ka viņš var mēģināt pieskarties karstajai tējkannai aiz ziņkāres.

Tas pats notika arī ar dzīvo garu Ādamu. Viņš dzirdēja, ka grēki un ļaunums ir briesmīgi, bet pats viņš neko tamlīdzīgu nebija pieredzējis. Viņam nebija īstas saprašanas par to, kas īstenībā bija grēki. Tā kā viņš nebija iepazinis visu lietu pretstatus, viņš, beigu beigās, labprātīgi padevās sātana kārdinājumam un iekoda aizliegtajā auglī.

Dievs vēlējās, lai Viņa patiesie bērni atšķirībā no Ādama – dzīva gara, kurš nesaprata lietu pretstatus, savā personīgā pieredzē iepazītu miesu, iegūtu garīgu sirdi, kura paliktu nemainīga pie visiem apstākļiem. Un tāpat, lai viņiem būtu saprotams kontrasts starp miesu un garu.

Viņi paši sajutuši, kas tas ir grēks un ļaunums, šīs pasaules sāpes un ciešanas, tādēļ viņiem zināms, cik ciešanu pilna, iznīcīga un bezjēdzīga ir miesa. Un viņi labi zina, ka ir gars, kurš ir miesas pretstats. Viņi zina to, cik viņš ir brīnišķīgs un labs. Tādēļ pēc savas paša labprātīgas gribas viņi nekad neatgriezīsies pie miesas. Tajā ir atšķirība starp dzīvu garu un iekoptu garu.

Dzīvs gars var tikai bez ierunām pakļauties, tajā pat laikā, kad iekoptais gars paklausa no sirds, jo viņam ir pieredze saskarsmē ar labu un ļaunu. Bez tam garīgi ļaudis, kuri atbrīvojušies no grēkiem un ļaunuma, saņems svētības, ieejot Trešajā Debesu Valstībā – vienā no Debesu mājokļiem, bet, kas atrodas gara pilnībā, kļūs par Jaunās Jeruzalemes pilsoņiem.

4. Garīgā ticība – tā patiesa mīlestība.

Kā tikai mēs pieaugot ticībā kļūstam gara cilvēki, mēs sākam just laimi un prieku, kas attiecas pavisam uz citu dimensiju. Mēs kļūstam patiesa miera ieguvēji sirdī. Mēs vienmēr priecāsimies, nepārtraukti lūgsimies un par visu pateiksimies, kā par to teikts Pirmajā vēst. Tesaloniķiešiem (5:16-18). Mēs saprotam Dieva gribu un sirdi, kas dod mums patiesu laimi, un tādēļ mēs pateicamies Dievam un mīlam Viņu ar patiesu sirdi.

Mēs esam dzirdējuši, ka Dievs ir Mīlestība, bet kamēr mēs neesam kļuvuši par garīgiem ļaudīm, mēs nevaram pa īstam saprast šo mīlestību. Tikai saprotot Dieva nodomu, kas ietverts cilvēces veidošanā, mēs varam dziļi izprast, ka Dievs ir pati Mīlestība un, ka mums jāmīl Viņu vairāk par visu.

Līdz tam laikam, kamēr mēs neesam atbrīvojušies no miesas savā sirdī, mūsu mīlestība un pateicība nebūs patiesa. Pat ja mēs sakām, ka mīlam Dievu un, ka esam pateicīgi Viņam, redzot, ka apstākļi kārtojas ne mūsu labā, mēs varam izmainīt savas dzīves virzienu. Mēs sakām paldies, kad viss ir labi, bet pēc kāda laika mēs aizmirstam par saņemto labumu. Ja mūsu priekšā nostājas grūtības, tad tā vietā, lai atcerētos par svētībām, mēs raizējamies un pat dusmojamies. Mēs aizmirstam par pateicību un par mums dāvātajām svētībām.

Taču garīgi ļaudis ir pilni pateicības, kura iziet no viņu sirds dziļumiem, tādēļ tā nemainās, lai arī cik laika nebūtu pagājis. Viņi saprot Dieva gribu, Kurš audzē ļaudis par spīti neizturamām sāpēm, kas nāk tam līdzi, un viņi izsaka patiesu pateicību no visas savas sirds. Viņi tāpat patiesi mīl un pateicas Kungam Jēzum, Kurš pieņēmis krustu par mums un Svēto Garu, Kas ved mūs uz patiesību. Viņu mīlestība un pateicība nekad nemainīsies.

5. Virzoties uz svētumu.

Ļaudis ir grēku apgānīti, bet pieņemot Jēzu Kristu un

saņemot glābšanas žēlastību, viņi var mainīties ticībā un Svētā Gara spēkā. Tad viņi var pacelties augstāk par dzīvā gara līmeni. Tādā pat mērā, kādā viņi atbrīvojas no netaisnības un piepildās ar patiesību, viņi var sasniegt svētumu, kļūstot par garīgiem ļaudīm.

Vairumā gadījumu, kad ļaudis saskaras ar ļaunumu, tad tas, ko viņi redz tā saplūst ar to nepatiesību, kas ir viņos, ka viņi piepildās ar ļaunumu un viņos rodas aplamas domas. Tas noved pie tā, ka ļaunums, kas ir viņos parādās darbos. Bet tie, kas kļuvuši nevainojami, ir bez jebkādas nepatiesības un tādēļ viņos nav ne grēcīgu nodomu, ne grēcīgas rīcības. Vispirms, viņi neskatās uz piedauzīgām lietām, bet pat, ja arī gadās ieraudzīt, tas neizaugs par ļauniem nodomiem vai ļauniem darbiem.

Mēs varam uzskatīt sevi par nevainojamiem, ja mēs esam izveidojuši tīru, bez traipiem un vainām sirdi, iztīrot ļaunumu pat no pašiem tās dziļumiem. Ļaudis, kas piepildīti tikai ar garīgām domām, tie, kas redz, dzird un rīkojas tikai patiesībā, ir īsti Dieva bērni, kuri pacēlušies augstāk par dzīvā gara līmeni.

Pirmajā Jāņa vēstulē 5:18, rakstīts: „Mēs zinām, ka ikviens, kas no Dieva dzimis negrēko, bet tas, kas no Dieva dzimis pasargā sevi, un ļaunais neaizskar viņu"; tas ir – garīgā pasaulē bezgrēcīgums – tas ir spēks. Grēka neesamība – tas ir svētums. Tā var atjaunot varu, kas bija dota dzīvajam garam Ādamam, un tikai esot bez grēka var uzvarēt un pakļaut ienaidnieku velnu un sātanu.

Ja mēs kļūsim par garīgiem ļaudīm, velns nevarēs pieskarties mums, un kā tikai mēs kļūsim pilna gara ļaudis un izaudzēsim sevī labprātību un mīlestību, Svētais Gars varēs caur mums darīt lielus un varenus darbus.

Mēs varam kļūt par garīgiem ļaudīm un ieiet gara pilnībā, kļūstot nevainojami (1. vēst. Tesaloniķiešiem 5:23). Ja mēs domājam par Dievu, Kurš veido cilvēci un parāda pacietību, lai iegūtu patiesus bērnus, tad mēs varam saprast, ka pats galvenais dzīvē – tas ir kļūt par garīgiem ļaudīm un ieiet gara pilnībā.

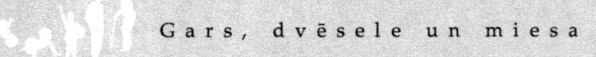

Gars, dvēsele un miesa I

3. daļa

Gara atdzimšana

Vai es esmu miesas vai gara cilvēks?

Kāda atšķirība starp garu un gara pilnību?

„Jēzus atbildēja: „Patiesi, patiesi es tev saku: tas kurš nepiedzimst no ūdens un Gara, nevar ieiet Dieva valstībā! Kas piedzimis no miesas, ir miesa, un, kas piedzimis no Gara, ir gars"
(Jāņa 3:5-6).

1. Nodaļa
Gars un gara pilnība

Cilvēcei ir vajadzība pēc glābšanas, jo tās gars bija miris. Mūsu kristīgā dzīve – tas ir pieaugšanas garā process, pēc tam, kad cilvēks ir atdzimis.

1. Kas ir gars?

2. Gara atdzimšana.

3. Garā pieaugšanas process.

4. Labas augsnes iekopšana.

5. Miesas pēdas.

6. Atrašanās gara pilnībā pierādījumi.

7. Svētības, kas dotas garīgiem ļaudīm un ļaudīm, kas iegājuši gara pilnībā.

Gara atdzimšana

Cilvēka gars nomira Ādama grēkā krišanas rezultātā. Un no šī momenta pār cilvēku sāka valdīt dvēsele. Ļaudis pastāvīgi piesūcas ar nepatiesību un pakļaujas savām kaislībām un vēlmēm, tas ir iekārēm. Un rezultātā viņi nevar saņemt glābšanu. Ļaudis atrodas zem dvēseles kontroles, uz kuru iedarbojas sātans, dara grēkus un iet uz elli. Lūk, kādēļ visiem viņiem vajadzīga glābšana. Dievs meklē patiesus bērnus, kuri saņem glābšanu, izejot caur cilvēces veidošanas procesu, citiem vārdiem, Viņš meklē cilvēkus, kuri ir iegājuši Garā un gara pilnībā.

Saskaņā ar rakstīto Pirmajā vēst. Korintiešiem (6:17): „Bet tas, kas savienojies ar Kungu, ir viens gars ar viņu!" Patiesi Dieva bērni ir tie, kas garā savienoti ar Jēzu Kristu.

Pieņemot Jēzu Kristu, mēs ar Svētā Gara palīdzību sākam dzīvot patiesībā. Ja mēs pilnībā dzīvojam patiesībā, tad tas nozīmē, ka mēs esam kļuvuši ļaudis, kas piedzimuši no Gara un ietērpti Kunga sirdī. Tas iespējams, kad mēs esam vienoti ar Kungu garā. Lai arī mēs esam vienoti garā, tomēr Dieva Gars un ļaužu gars pilnībā atšķiras viens no otra. Dievs ir Gars,

Kurš pieder Debesīm, tajā pat laikā, kad ļaudīm ir gara forma, kura atrodas fiziskā ķermenī, kas radīts no zemes pīšļiem. Acīmredzama ir milzīgā atšķirība starp Dievu Trīsvienību un ļaudīm, kuri ir tikai Dieva radījumi.

1. Kas ir Gars?

Daudzi ļaudis domā, ka vārds „gars" un vārds „dvēsele" ir viens un tas pats. Vārdnīcā „Merriam - Vebster" teikts, ka „gars" – tas ir „dzīvu darošs vai dzīvībai svarīgs princips, kurš dod sākumu fiziskam organismam; vai pārdabīga būtne vai būtība." Bet gars no Dieva pozīcijas, tas ir kaut kas nemirstīgs un nemainīgs, tas ir mūžīgs. Tā, tieši sakot, ir pati dzīvība un patiesība.

Ja mēs gribam atrast uz šīs zemes analogu, kas atbilstu gara raksturojumam, tad tas varētu būt zelts. Tā spīdums nekad nemazinās; lai arī cik laika būtu pagājis, tas nenobāl un nemainās. Šī iemesla dēļ Dievs salīdzina mūsu ticību ar tīru zeltu un tāpat ceļ mājas Debesīs no zelta un citiem dārgakmeņiem.

Pirmais cilvēks saņēma daļu no Dieva sākotnējās būtības tad, kad Dievs iepūta viņā dzīvības elpu. Viņš nebija radīts par pilnīgu garu. Tādēļ pastāvēja iespēja, ka viņš no jauna kļūs par miesīgu būtni ar augsnei piemītošām īpašībām. Viņš nebija tikai „gars." Viņš bija „dzīvs gars," vai „dzīva dvēsele."

Kādēļ Dievs radīja Ādamu par dzīvu dvēseli? Viņš gribēja, lai

Ādams izietu aiz dzīva gara robežām, izmēģinātu, uz sevis, kas tas ir miesa un, izejot caur cilvēces audzēšanu, ieietu gara pilnībā. Tas attiecas ne tikai uz Ādamu, bet arī visiem viņa pēcnācējiem. Šī iemesla dēļ, Dievs sagatavojis Glābēju Jēzu un Mierinātāju Svēto Garu vēl pirms laiku iesākuma.

2. Gara atdzimšana.

Esot dzīva dvēsele, Ādams dzīvoja Ēdenes dārzā ļoti ilgu laika periodu, bet pēc viņa izdarītā grēka, viņa sadraudzība ar Dievu bija pārtraukta. No šī laika sātans sāka dēstīt viņa dvēselē nepatiesas zināšanas. Šajā procesā garīgās zināšanas, kuras viņam dāvāja Dievs, sāka izsīkt, bet pats viņš piepildījās ar miesīgu saturu, tas ir nepatiesām zināšanām, ko piegādāja sātans.

Laiks gāja un cilvēks arvien vairāk piepildījās ar miesīgu saturu. Nepatiesība ielenca viņu no visām pusēm un žņaudza viņā dzīvības sēklu. Dzīvības sēkla, ierobežota un saspiesta, kļuva pavisam pamirusi. Pilnīgi pasīvu dzīvības sēklas stāvokli mēs saucam par „mirušu garu." Sakot, ka gars miris, mēs domājam Dieva gaismas neesamību, kura dotu dzīvības sēklai aktivitāti. Ko gan mums vajadzētu darīt, lai atgrieztu pie dzīvības mūsu mirušo garu?

Pirmkārt, mums visiem jāpiedzimst no ūdens un Gara.

Iepazīstot Dieva Vārdu, kurš ir patiesība un pieņemot Jēzu

Kristu par savu personīgo Glābēju, mēs saņemam savā sirdī Dieva dāvanu - Svēto Garu. Jāņa Evaņģēlijā 3:5, Jēzus teica: „Patiesi, patiesi Es tev saku: ja cilvēks nepiedzimst no augšienes, neredzēt tam Dieva Valstības." No tā mums saprotams, ka mēs varam būt glābti, tikai piedzimstot no ūdens, kas simbolizē Dieva Vārdu un Svēto Garu.

Bet Svētais Gars ieiet mūsu sirdīs un veicina mūsu gara atdzīvošanos. Tas arī nozīmē mūsu mirušā gara atdzimšanu. Viņš palīdz mums atbrīvoties no miesas, kura ir nepatiesība, apstādināt patiesībai naidīgo dvēseles darbošanos un nodrošina mūs ar patiesības zināšanām. Ja mēs nesaņemsim Svēto Garu, tad mūsu mirušais gars neatdzims un nevarēs saprast garīgo Dieva Vārda jēgu. Vārds, ko mēs nesaprotam nevar būt iesēts mūsu sirdīs, un tad mēs nevarēsim iegūt garīgo ticību. Būt ar garīgām zināšanām un pietiekošu ticību iespējams tikai ar Svētā Gara palīdzību. Kopā ar to, caur lūgšanu mēs saņemam spēku, lai praktiski pildītu Dieva Vārdu un dzīvotu pēc Vārda. Bez Svētā Gara palīdzības lūgšanas laikā nebūs spēka, lai piepildītu Vārdu praksē.

Otrkārt, mūsu garam jāatdzimst no Svētā Gara atkal un atkal.

Tikko mūsu mirušais gars, saņēmis Svēto Garu, atgriezīsies pie dzīvības, mums atkal un atkal no jauna jāpiepilda to ar patiesības zināšanām. Tas arī nozīmē mūsu gara piedzimšanu no Svētā Gara. Kad mēs pastiprināti lūdzamies ar Svētā Gara atbalstu, lai pretotos grēkam līdz pat asins izliešanai, tad ļaunums un nepatiesība aiziet no sirds. Bez tam, jo vairāk patiesības zināšanu mēs saņemam no Svētā Gara – par mīlestību, labprātību, uzticību, lēnprātību un pazemību, jo vairāk patiesības un labprātības būs mūsu sirdī. Citiem vārdiem, iepazīstot caur Svēto Garu patiesību, mēs atgriežamies atpakaļ tajā procesā, kurš pieveda cilvēci bojāejai Ādama grēkā krišanas dēļ.

Tomēr ir ļaudis, kuri saņēmuši Svēto Garu, bet nav izmainījuši savu sirdi. Viņi neseko Svētā Gara vēlmēm, bet turpina dzīvot grēkos, paklausot miesas vēlmēm. No sākuma viņi cenšas atbrīvoties no grēkiem, bet kādā momentā viņu ticība atdziest, un viņi pārstāj cīnīties ar grēkiem. Kad šī cīņa tiek pārtraukta, viņi atgriežas pasaulē un sāk grēkot. Grēki atkal apgāna viņu sirdis, kuras jau sāka palikt daudz tīrākas un gaišākas. Ja mūsu sirdis pastāvīgi piesūcas ar nepatiesību, tad dzīvības sēkla mūsos nevar nostiprināties, kaut arī mēs esam saņēmuši Svēto Garu.

Pirmā vēstule Tesaloniķiešiem 5:19, brīdina mūs: „Neapslāpējiet Garu!" Mēs, iespējams, pat pienācām pie tās stadijas, kad bijām kā dzīvi, bet, tā kā mēs saņemot Svēto Garu, nemainījāmies, mēs atkal esam miruši (Atklāsmes 3:1). Tādēļ, pat saņemot Svēto Garu, mēs varam pakāpeniski apslāpēt Viņu, ja turpinām dzīvot grēkos un ļaunumā.

Tādā veidā, mums pastāvīgi jāmaina savas sirdis līdz tam laikam, kamēr tās pilnībā nav pārveidojušās patiesībā. Pirmajā Jāņa vēstulē 2:25, teikts: „Šis ir tas apsolījums, ko Viņš mums ir apsolījis – mūžīgā dzīvība." Jā, Dievs devis mums tādu apsolījumu. Bet pie tā pievienoti arī noteikti nosacījumi.

No tā secinām, ka mums jābūt savienotiem ar Kungu un Dievu, pielietojot Dieva Vārdu praktiski, lai saņemtu no Dieva mūžīgu dzīvību. Un mēs nevaram saņemt glābšanu, pat ja mēs sakām, ka ticam Kungam, bet nedzīvojam pēc Dieva un Kunga vārda.

3. Garā pieaugšanas process.

Jāņa Evaņģēlijā 3:6, teikts: „Kas dzimis no miesas ir miesa, bet, kas no Gara dzimis ir gars." Tas nozīmē, kā arī rakstīts, mūsu gars nevar atdzimt, ja mēs paliekam miesā.

Tādā veidā, kad esam saņēmuši Svēto Garu, Kurš atdzīvinājis mūsu mirušo garu, mums mūsu gars jāaudzina. Kas notiks, ja bērns neattīstīsies tā kā vajadzīgs, vai pilnībā apstāsies savā attīstībā? Viņš nevarēs dzīvot pilnvērtīgu dzīvi. Tas pats attiecas arī uz mūsu garīgo dzīvi. Tiem Dieva bērniem, kuri ieguvuši dzīvību, jāturpina pieaugt ticībā, un jāveicina sava gara izaugsme.

Bībele mums saka, ka katram ir savs ticības mērs (Vēst. Romiešiem 12:3). 1. Jāņa vēstulē 2:12-14 teikts par dažādiem ticības līmeņiem, sadalot to bērnu, pusaudžu, jauniešu un tēvu ticībā.

„Es rakstu jums bērniņi, jo grēki jums ir Viņa Vārda dēļ

piedoti. Es rakstu jums tēvi, jo jūs esat atzinuši viņu, kas ir no sākuma. Es rakstu jums jaunekļi, jo jūs esat uzvarējuši ļauno. Es esmu jums rakstījis bērni, jo jūs esat Tēvu atzinuši. Es esmu jums rakstījis tēvi, jo jūs esat atzinuši Viņu, kas ir no sākuma. Es esmu jums rakstījis jaunekļi, jo jūs esat stipri un Dieva Vārds paliek jūsos un jūs ļauno esat uzvarējuši."

Dievs dod mums ticību no augšienes pēc tā mēra, kādā mēs mainām sevi ar mērķi iegūt patiesu sirdi. Un tad mēs varēsim ticēt no visas sirds un kļūt par to, par ko rakstīts: „... kas dzimis no Gara ir gars." Un lūk, ko dara Svētais Gars: Svētais Gars atļauj mūsu garam piedzimt un palīdz mums uzaudzēt mūsu ticību. Svētais Gars ienākot mūsu sirdīs, liecina mums par grēku un par patiesību, un par tiesu (Jāņa 16:7-8). Viņš palīdz mums ticēt Jēzum Kristum.

Viņš tāpat palīdz mums iepazīt Dieva Vārda garīgo nozīmi, un pieņemt to sirdī. Pateicoties šim procesam, mēs varam atjaunot sevī Dieva līdzību un kļūt par patiesiem Dieva bērniem, esot gara un gara pilnības ļaudis.

Lai mūsu gars augtu, mums jāiznīcina sevī miesīgās domas. Miesīgas domas rodas tad, kad nepatiesība mūsu sirdī parādās caur dvēseles, naidīgas patiesībai, funkciju. Pieņemsim, mūsu sirdī ir ļaunums, un jūs padzirdējāt, ka kāds izplata par jums tenkas, tad uzreiz parādās nepatiesība jūsu dvēseles funkcijās. Jūsos rodas miesīgas domas par to, ka šis cilvēks ir rupjš, jūs jau sajūtaties apvainots un jūsos parādās citas negatīvas jūtas.

Šajā momentā jūsu dvēseli kontrolē sātans. Sātans ir tas, kas iedēsta ļaunumu mūsu domās. Funkcionējot caur dvēseli sirdī provocējas nepatiesība, tas ir tādas miesīgas izpausmes, kā ātras dusmas, ienaids, nelabvēlība, augstprātība. Tā vietā, lai pacenstos saprast citu cilvēku, jums uzreiz radīsies vēlme cīnīties ar viņu.

Pie miesīgām domām attiecas arī miesas izpausmes par kurām mēs iepriekš minējām. Cilvēka paštaisnība, paša koncepcijas vai idejas, kuras parādās caur dvēseles funkciju, - tas arī ir miesīgu nodomu būtība. Pieņemsim, cilvēkos noformulējies tāds domāšanas stereotips, ka neiet uz kompromisu ticībā – tas ir pareizi. Un tad šis cilvēks vienmēr uzskatīs par pareizu tikai savas idejas, viņš radīs nemieru ar apkārtējiem pat tajās situācijās, kad viņam vajadzētu ņemt vērā ticības līmeni un citus apkārtējo ļaužu apstākļus. Un vēl: pieņemsim, ka cilvēkam izveidojies noteikts viedoklis attiecībā uz kādu jautājumu, un viņš netic, ka noteiktajā situācijā to būs iespējams atrisināt. Tad tas būs attiecināms arī uz miesīgo domu veidu.

Pat pieņemot Kungu Jēzu un saņemot dāvanā Svēto Garu, mēs vienalga domāsim miesīgi tādā mērā, kādā mūsos ir klātesoša miesa, no kuras mēs vēl neesam attīrījušies. Garīgās domas rodas tad, kad mēs vēršamies pie patiesības zināšanām, ko glabā mūsu atmiņa, tas ir pie Dieva Vārda; bet, kad uzpeld nepatiesības zināšanas, tad parādās miesīgas domas. Un Svētais Gars nevar iedarbināt patiesības zināšanas tādēļ, ka tām pretojas miesīgās domas.

Gara atdzimšana

Lūk, kādēļ Vēstulē Romiešiem 8:5-8, teikts: „Jo miesas cilvēki tiecas pēc miesas lietām, bet Gara cilvēki pēc Gara lietām. Miesas tieksmes ved nāvē, bet Gara tieksme – uz dzīvību un mieru. Jo miesas tieksme ir naidā ar Dievu, tā neklausa Dieva bauslībai, jo tā to nespēj. Miesas cilvēki nevar patikt Dievam."

Šis fragments nozīmē, ka mēs varēsim sasniegt gara līmeni tikai tad, kad iznīdēsim savas miesīgās domas. Miesīgiem ļaudīm neizbēgami būs miesīgi nodomi, tas ir viņu domas, vārdi un uzvedība būs naidīga Dievam.

Viens no acīmredzamākajiem protesta piemēriem pret Dievu no miesīgām iedomām ir epizode ar ķēniņu Saulu. Pirmā Samuēla grāmatā (15. nodaļa) Dievs pavēlēja viņam sakaut Amaleku un iznīcināt visu, kas tam bija. Un tā bija daļa no soda, kuru viņiem vajadzēja saņemt par to, ka viņi pagātnē uzstājušies pret Dievu.

Bet pēc tam, kad Sauls uzvarēja kauju, viņš savāca sev labākās avis, vēršus un nobarotos jērus, sakot, ka grib dot ziedojumu Dievam. Viņš tāpat sagūstīja amalekiešu ķēniņu, tā vietā, lai viņu iznīcinātu. Viņš gribēja palielīties ar savu veikto darbu. Miesīgās domas izprovocēja alkatību un augstprātību, iegrūda viņu nepaklausībā. Tā kā viņa acis bija darījušas aklas alkatība un lepnums, viņš turpināja domāt pēc miesas un beigu beigās mira nožēlojamā nāvē.

Miesīgo domu rašanās galvenais iemesls slēpjas mūsu sirdī,

kur glabājas nepatiesība. Ja jūsu sirds piepildīta tikai ar patiesības zināšanām, tad jums nekad neradīsies miesīgas domas. Bet miesīgu domu neesamība, pilnīgi dabīgi parāda, ka cilvēka domas būs tikai garīgas. Tādi ļaudis paklausa Svētā Gara vadībai un balsij, tādēļ viņi saņem Dieva mīlestību un piedzīvo Viņa darbus personīgajā pieredzē.

Tā ka mums centīgi jāatbrīvojas no netaisnības un jāpiepildās ar patiesības zināšanām, tas ir Dieva Vārdu. Piepildīties ar patiesības zināšanām – nenozīmē iepazīt tās tikai ar prātu, bet nozīmē veidot savas sirdis pēc Dieva Vārda. Tajā pat laikā mums jānomaina savas personīgās domas ar garīgām domām. Kad mēs satiekamies ar citiem ļaudīm vai redzam kādus notikumus, mums nav jānosoda un jātiesā tos pēc sava mēra, bet mums jāskatās uz viņiem caur patiesības prizmu. Mums nepieciešams pastāvīgi pārbaudīt sevi – vai mēs vienmēr parādām pret ļaudīm labvēlīgu attieksmi, mīlestību un godīgumu un domāt par to, ko mēs varam izmainīt sevī. Tā mēs varēsim garīgi pieaugt.

4. Labas augsnes iestrāde.

Salamana pamācībās 4:23, teikts: „Pāri visam, kas jāsargā, sargi savu sirdi, jo no turienes rosās dzīvība." Šajos vārdos uzsvērts, ka dzīvības avots, kurš ved mūs pie mūžīgās dzīvības, nāk no sirds. Mēs varam ievākt ražu tikai pēc tam, kad laukā izsētās sēklas izaugs, noziedēs un pēc nesīs augļus. Mēs tāpat varam pienest garīgos augļus tikai pēc tam, kad Dieva Vārds nokļūst mūsu sirds augsnē.

Kad Dieva Vārds, kurš ir dzīvības avots, tiek iesēts mūsu sirdīs, tad tas izpilda divas funkcijas. Tas attīra no grēkiem un netaisnības mūsu sirdis un palīdz nest augļus. Bībelē ir daudz baušļu, bet visi šie likumi pieder pie vienas no sekojošajām kategorijām: dari, nedari, glabā un noraidi. Piemēram, Bībele saka mums, lai noraidām skopumu un visa veida ļaunumu. Likums kaut ko „nedarīt" iekļauj sevī „nejust ienaidu" vai „netiesāt." Kad mēs paklausām šīm pavēlēm, mūsu sirdis attīrās no grēkiem. Tas nozīmē, ka Dieva Vārds ieiet mūsu sirdī un iekopj to, darot par labu zemi.

Bet, ja mēs visu pabeigsim tikai ar zemes uzaršanu, tas tad būs veltīgs darbs. Mums jāiesēj patiesības un labestības sēklas uzartajā zemē, lai varētu pienest Deviņus Svētā Gara augļus, un svētību likumos apsolītās svētības un iegūtu garīgo mīlestību. Augļi tiek iegūti pateicoties paklausībai Dieva likumiem, kuri pavēl mums „glabāt" un „darīt" noteiktas lietas. Glabājot un pildot šīs Dieva pavēles mēs varam nest augļus.

Garīga cilvēka izaugsmes process, kas minēts pirmajā nodaļas „Audzēšana" daļā – tas pēc būtības ir tas pats, kas mūsu sirds pārveidošana. Neapstrādātu lauku mēs pārveršam par labu augsni, uzarot to, attīrot no akmeņiem un nezālēm. Analoģiski tam, paklausot Dieva Vārdam, kurš mums pavēl „nedarīt" vai „noraidīt" kaut ko, mums jāatsakās no visiem miesas darbiem un miesīgiem nodomiem. Katrā cilvēkā ir dažādi ļaunuma veidi.

Tādēļ, ja mēs izraujam sevī atklāta ļaunuma sakni, no kuras bija grūti atbrīvoties, tad visas pārējās ļaunuma formas, kas ir tās atvases, aiziet kopā ar šo sakni. Piemēram, ja cilvēks, kurā bija spēcīga skaudība, atbrīvosies no tās, tad aizies arī ienaids, tenkas un meli, kas to pavadīja.

Kā tikai mēs izraujam galveno sakni – naidu, tad arī tādas ļaunuma formas, kā aizkaitinātība un neapmierinātība aizies kopā ar to. Ja mēs lūdzamies un cenšamies atbrīvoties no ļaunuma, tad Dievs dod mums svētību un spēku, un Svētais Gars palīdz mums atbrīvoties no ļaunuma. Ja mēs centīgi pielietojam patiesības Vārdu savā ikdienas dzīvē, tad mēs iegūstam Svētā Gara pilnību, un miesas darbības spēks vājinās. Pieņemsim, cilvēks kritis naidā desmit reizes dienā, bet tagad naida uzliesmojumi samazinājušies līdz deviņām reizēm, līdz septiņām, piecām... Un galu galā tie izzūd pavisam. Tā rīkojoties mēs pārvēršam savu sirdi labā augsnē, iztīrot no sevis visu grēcīgo būtību, un tad mūsu sirds kļūs garīga.

Bez tam, mums jāiesēj patiesības Vārds, kurš mums saka, ko vajag „glabāt" un „darīt", piemēram, mīlēt, piedot, kalpot citiem, ievērot Kunga Dienu. Šajā gadījumā mēs sāksim piepildīties ar patiesību ne tikai pēc tā, kad iztīrīsim visu nepatiesību. Attīrīšanās no nepatiesības un tās nomaiņa ar patiesību notiek vienlaicīgi. No tā momenta, kad mūsu sirdī, pateicoties šim procesam, būs tikai patiesība, var uzskatīt, ka mēs esam kļuvuši garīgi ļaudis.

Lai kļūtu par garīgu cilvēku, mums arī jāatbrīvojas no ļaunuma, kurš ir mūsu sākotnējā būtībā. Ja velkam paralēles ar augsni, tad ļaunums mūsu sākotnējā būtībā nosaka augsnes raksturu. Šis ļaunums tiek nodots no vecākiem uz bērniem caur enerģiju, kas saucas „ci." Bez tam, ja pieaugšanas procesā mēs saskaramies ar grēku, tad no tā ļaunuma koncentrācija, kas ielikta mūsu dabīgā būtībā, tikai pieaug. Ļaunums, kas ielikts mūsu dabā, neparādās pie parastiem apstākļiem un tādēļ to grūti atklāt.

Šī iemesla dēļ, pat ja mēs esam atbrīvojušies no visiem grēkiem un ļaunuma, kuri atrodas virspusē, attīrīties no ļaunuma, kurš dziļi iesakņojies mūsu dabā nav tik vienkārši. Lai to panāktu, mums karsti jālūdzas un jāpieliek pūles, lai atklātu šo ļaunumu un to no sevis iznīdētu.

Atsevišķos gadījumos, pēc tam, kad mēs esam sasnieguši noteiktu līmeni mūsu garīgajā izaugsmē var notikt apstāšanās. Tam iemesls slēpjas tajā ļaunumā, kas ir mūsu būtības dziļumos. Lai iznīdētu nezāles, mums tās jāizrauj ar saknēm, bet ne tikai apgriežot lapas un stiebrus. Tā arī mūsu sirds var kļūt garīga tikai pēc tam, kad mēs apzināsimies un iznīdēsim ļaunumu savā dabā. Kad ejot šo ceļu, mēs kļūsim par garīgu cilvēku, tad arī mūsu sirdsapziņa kļūs pati patiesība, un mūsu sirds būs piepildīta tikai ar patiesību. Tas nozīmē, ka mūsu sirds kļūs par pašu garu.

5. Miesas pēdas.

Garīgiem ļaudīm pavisam nav ļaunuma sirdī. Un tā kā viņi piepildīti ar Svēto Garu, viņi ir laimīgi vienmēr. Bet ar to viss nav izsmelts, jo viņu sirdīs vēl saglabājušās miesas pēdas. Miesas pēdas var noteikt pēc personības īpatnībām un sākotnējās cilvēka būtības. Piemēram, daži ļaudis ir godīgi, taisnīgi un patiesi, bet viņiem pietrūkst dāsnuma un līdzjūtības pret citiem. Citi atkal, iespējams, mīlestības pilni pret tuvākajiem, bet viņi ir pārāk emocionāli, un viņu uzvedība mēdz būt pat rupja.

Tā ka šīs īpašības saglabājušās, kā miesas pēdas viņu raksturā, tās parādās pat pēc tā, kad viņi ieiet garā. Tas, praktiski, ir tas pats, kā veci traipi uz jūsu drēbēm. Ir grūti atjaunot pilnībā sākotnējo materiāla krāsu, lai arī cik centīgi mēs tās nemazgātu. Šīs miesas pēdas nevar uzskatīt par ļaunumu, bet mums tās būtu jāiztīra un jābūt galīgi piepildītiem ar Deviņiem Gara augļiem, kas palīdzēs mums ieiet gara pilnībā. Mēs varam teikt, ka sirds, kurā nemaz nav nepatiesības, līdzīga labi uzartam laukam un ir „gars." Kad labi uzartā sirds augsnē tiek iesēta sēkla un nobriest gara augļi, tad mēs uzskatām tādu sirdi par „pilnīga gara" sirdi.

Kad ķēniņš Dāvids iegāja garā, Dievs pieļāva, lai viņš izietu cauri pārbaudījumiem. Vienreiz ķēniņš Dāvids pavēlēja Joābam veikt iedzīvotāju pārskaitīšanu. Viņi saskaitīja karot spējīgo ļaužu skaitu. Joābs zināja, ka Dieva acīs tas bija nepareizi un pūlējās pārliecināt Dāvidu to nedarīt. Bet Dāvids nepaklausīja. Rezultātā pār viņu nāca Dieva sods un daudzus ļaudis nonāvēja mēris.

Dieva griba bija labi zināma Dāvidam, tad kādēļ viņš pieļāva, lai, kas tāds notiktu? Dāvidu, kurš piedalījās daudzās kaujās ar pagāniem, ilgu laiku vajāja ķēniņš Sauls. Dāvidu tāpat vajāja un gribēja nogalināt viņa paša dēls. Bet paejot laikam, viņa vara nostiprinājās, un viņa autoritāte tautā pieauga, un viņš nomierinājās un atslāba. Viņam sagribējās palielīties ar savu valsts lielo tautas daudzumu.

2. Mozus 30:12, uzrakstīts: „Kad tu skaitīsi

Izraēla bērnus pēc viņu pulkiem, tad, lai ikviens dod izpirkšanas maksu par savu dvēseli Tam Kungam, kad tu izdarīsi skaitīšanu, ka nebūtu mocības jūsu vidū, kad tu tos skaiti." Tas ir, šajā reizē Dievs Pats pavēlēja Izraēla dēliem pēc iziešanas no Ēģiptes, pārskaitīt ļaudis, bet tas bija darīts, lai organizētu tautu. Katram no viņiem vajadzēja dot par sevi izpirkumu Kungam, lai katrs no viņiem atcerētos, ka viņš ir dzīvs pateicoties Dieva aizsardzībai un būtu pazemīgs. Pati par sevi iedzīvotāju pārskaitīšana nav grēks, un tā var pie nepieciešamības notikt. Bet Dievs vēlas, lai ļaudis būtu Viņa priekšā pazemīgi un atzītu, ka lielas tautas spēks tiek dots no Dieva.

Taču Dāvids sāka pārskaitīt tautu, lai arī Dievs nebija pavēlējis viņam to darīt. Kas, būtībā parāda, ka savā sirdī viņš paļāvās nevis uz Dievu, bet uz ļaudīm, uz lielo tautas daudzumu, kas nozīmē lielu karaspēku un valsts varenumu. Kad Dāvids saprata savu vainu, viņš tūdaļ pat nožēloja, taču viņš jau bija nostājies uz ceļa, kas ved pie nopietniem pārbaudījumiem. Nāvi nesošs mēris pārņēma visu Izraēla zemi un tādēļ gāja bojā 70 000 cilvēku.

Protams, šo tik daudzu ļaužu nāvi izraisīja ne tikai Dāvida lepnība. Ķēniņš jebkurā laikā var noteikt iedzīvotāju pārskaitīšanu, un viņš nebija domājis sagrēkot. Tādā veidā, ja skatīties ļaužu acīm, tad mēs nevaram apgalvot, ka tas ir grēks. Bet pilnīgā Dieva acīs Dāvids bija augstprātīgs, jo pilnībā nepaļāvās uz Dievu.

Ir tādas lietas, kuras no cilvēka pozīcijas neskaitās ļaunums, taču pilnīgā Dieva acīs tas ir ļaunums. Uz to attiecas „miesas pēdas," kas vēl palikušas tajos, kas kļuvuši nevainojami. Dievs pieļāva tādiem pārbaudījumiem nākt pār Izraēlu, lai darītu Dāvidu vēl pilnīgāku, attīrot no viņa pat miesas pēdas. Bet galvenais mēra iemesls, kas satrieca Izraēla zemi bija tajā, ka ļaužu grēki izsauca Dieva dusmas.

Otrajā Samuēla grāmatā 24:1, mēs lasām: „Tad Tā Kunga dusmas atkal iedegās pret Izraēlu, un viņš skubināja Dāvidu pret tiem, sacīdams: „Ej un saskaiti Izraēlu un Jūdu."

Un pie tam labie ļaudis, kurus varēja izglābt, nesaņēma šo sodu. Mira tikai, kas darījuši grēkus, un tādēļ Dievs nevarēja samierināties ar viņiem. Bet Dāvids patiesi bija satriekts un nožēloja, redzot, kā ļaudis mira viņa rīcības dēļ. Tādā veidā viens notikums ļāva Dievam sasniegt divus mērķus. Viņš sodīja grēciniekus un tajā pašā laikā veda Dāvidu cauri attīrīšanās procesam.

Pēc sodīšanas Dievs atļāva Dāvidam pienest upuri par grēkiem

Arauna kalnā. Dāvids izdarīja visu, ko Dievs viņam pavēlēja. Viņš nopirka šo vietu un ierīkoja tur ziedokli un, kā mēs zinām, pie viņa atgriezās Dieva labvēlība. Pateicoties šim pārbaudījumam, Dāvids vēl vairāk pazemoja sevi un izdarīja vēl vienu soli uz gara pilnību.

6. Pierādījumi gara pilnības esamībai.

Ja mēs sasniegsim gara pilnības līmeni, tad tā pierādījums būs bagātīgi gara augļi. Bet tas nenozīmē, ka mēs nenesīsim nekādus augļus līdz tam laikam, kamēr mēs nebūsim sasnieguši gara pilnības līmeni. Garīgie ļaudis pienes garīgas mīlestības augli, Gaismas augli, Deviņus Svētā Gara augļus, un Svētības likuma augļus. Bet tā kā šis process vēl nav pabeigts, tad šie augļi pagaidām vēl nav pilnvērtīgi. Katrs garīgais cilvēks, atkarībā no sava līmeņa, pienes dažādus garīgus augļus.

Piemēram, ja cilvēks paklausa Dieva likumam, kas pavēl mums kaut ko glabāt, bet no kaut kā novērsties, tad, lai arī kāda nebūtu situācija, viņam neradīsies nepatika un apvainojums. Taču augļu mērs, ko pienes gara ļaudis, būs atšķirīgi, atkarībā no viņu izpildītajiem Dieva likumiem, kuros norādīts, ko vajag darīt. Piemēram, Dievs licis mums „mīlēt." Un tas paredz dažādu līmeņu iespējamību: no ienaida neesamības pret ļaudīm līdz spējai kalpot viņiem, mainīt viņu sirdis. Vēl tam pāri ir līmenis, uz kura cilvēks var atdot savu dzīvību par otru. Kad jūs ideāli glabājat uzticību tāda veida darbos, tad var teikt, ka jūs esat izaudzējuši gara pilnību.

Pienesto Svētā Gara augļu mērs visiem ļaudīm arī nav vienāds. Starp gara ļaudīm viens cilvēks var pienest noteiktu augli līdz 50% līmenim, no viņa pilna mēra, bet cits līdz 70%. Kāds patiešām spēj mīlēt, bet nav pietiekoši savaldīgs, vai būt ar ticību, bet izjust lēnprātības trūkumu.

Bet ļaudis, kas atrodas gara pilnībā pienes Svētā Gara augļus visā pilnībā un pilnā mērā. Svētais Gars darbojas un kontrolē viņu sirdis par visiem 100%, tādēļ viņos ir harmonija visā un nav nekā, kas viņiem pietrūktu. Viņi deg priekš Kunga un pienesot atturības augli uzvedas cienīgi jebkurā situācijā.

Viņi ir lēnprātīgi un maigi, kā vate, bet pie tā viņi ir cienījami un ar autoritāti, kā lauvas. Viņi mīlot citus, visā ņem vērā viņu intereses un pat gatavi ziedot savu dzīvību par citiem bez neobjektivitātes vai aizspriedumiem. Viņi paklausa Dieva Taisnībai. Pat, kad Dievs pavēl viņiem darīt to, kas pārsniedz cilvēciskās iespējas, viņi vienkārši paklausa sakot „jā" un „āmen."

Garīgu cilvēku un cilvēku, kas iegājuši gara pilnībā rīcība, pēc ārējām pazīmēm ar maz ko atšķiras cita no citas, bet, tā tomēr ir atšķirīga. Gara ļaudis paklausa, tādēļ ka viņi mīl Dievu, bet ļaudis, kas atrodas gara pilnībā iepazinuši Dieva sirds dziļumus un nodomus. Ļaudis, kas atrodas gara pilnībā, kļuvuši patiesi Dieva bērni, kuri iepazinuši Viņa sirdi un sasnieguši pilnu Kristus izaugsmi, pēc visiem parametriem. Viņi tiecas uz šķīstību

Gara atdzimšana

visā, ir mierā ar visiem un ir uzticīgi visā Dieva namā.

1. vēstulē Tesaloniķiešiem 4:3, teikts: „Jo tāda ir Dieva griba – lai jūsu dzīve būtu svēta. Atturieties no netiklības." Un tāpat 1. vēst. Tesaloniķiešiem 5:23, rakstīts: „Bet pats miera Dievs, lai jūs svētī caurcaurim, un jūsu gars, dvēsele un miesa visā pilnībā, lai paliek bezvainīgi līdz mūsu Kunga Jēzus Kristus atnākšanai."

Mūsu Kunga Jēzus Kristus atnākšana, nozīmē, ka Viņš atnāks, lai paņemtu Savus bērnus līdz Septiņu Lielo Bēdu gadu sākumam. Tas nozīmē, ka mums jāsasniedz gara pilnības līmenis un pilnībā jāgatavojas, lai satiktos ar Kungu līdz tam, kad tas notiks.

Kā tikai mēs sasniegsim gara pilnību, mūsu dvēsele un mūsu ķermenis piederēs garam, tas būs bez vainas, un mēs varēsim pieņemt Kungu.

7. Svētības, kas dotas garīgiem ļaudīm un ļaudīm, kas iegājuši gara pilnībā.

Garīgie ļaudis gūst sekmes un ir veseli, tādā mērā, kādā labi klājas viņu dvēselei (3. Jāņa vēst. 1:2). Viņi iztīrījuši no savas sirds visu ļaunumu tā ka viņi ir patiesi, svēti Dieva bērni. Tādēļ kā Gaismas bērni, viņi var baudīt garīgo varu.

Pirmkārt, viņi ir veseli un neslimo ne ar kādām slimībām. Kā tikai mēs ieejam garā, Dievs aizsargā mūs no slimībām un nelaimes gadījumiem, un mēs varam baudīt veselīgu dzīvi. Pat kļūstot vecāki, mēs nenovecosim, nepaliksim nespēcīgi, mums nevairosies krunkas. Bez tam, ja mēs esam gara pilnībā, tad pat esošās krunkas izlīdzināsies. Mēs atjaunosimies un atjaunosim savus spēkus.

Pēc tam, kad Ābrahāms izturēja pārbaudījumus, piekrītot Īzāka upurēšanai, viņš iegāja gara pilnībā un dzemdēja bērnus, jau esot 140 gadu vecumā. Tas nozīmē viņš tikai palika jaunāks. Mozus bija pazemīgs un lēnprātīgs, kā neviens cits uz šīs zemes, kad Dievs aicināja viņu 80 gadu vecumā. Un pat tad, kad viņam bija 120 gadu: „viņa acis nebija palikušas tumšas, un viņa dzīves spēks nebija zudis" (4. Mozus 34:7).

Otrkārt, garīgo ļaužu sirdīs nav ļaunuma, un ienaidnieks velns un sātans, nevar uzsūtīt viņiem nekādus kārdinājumus un pārbaudījumus. Pirmajā Jāņa vēstulē 5:18,teikts: „Mēs zinām, ka ikviens, kas dzimis no Dieva, negrēko, bet Dieva Dēls viņu pasargā un ļaunais neaizskar viņu." Ienaidnieks, velns un sātans var izvirzīt apsūdzības miesīgiem ļaudīm, pakļaut tos kārdinājumiem un pārbaudījumiem.

Tā kā Ījabs nebija uzvarējis visu ļaunumu, kas bija viņa raksturā, sātans sāka apsūdzēt viņu Dieva priekšā, un Dievs pieļāva, lai Ījaba dzīvē ienāktu pārbaudījumi. Ījabs saprata savu ļaunumu un nožēloja to laikā, kad gāja caur pārbaudījumiem,

Gara atdzimšana

kas sekoja apvainojumiem, ko izvirzīja sātans. Bet pēc tā, kad viņš atbrīvojās no visa ļaunuma, kas bija viņa dabā un iegāja garā, sātanam vairs nebija nekas pret Ījabu. Tādēļ Dievs svētīja viņu divreiz vairāk par to, kas viņam iepriekš piederēja.

Treškārt, garīgi ļaudis skaidri dzird Svētā Gara balsi un saņem Viņa vadību, un Viņš ved tos pie sekmju gūšanas visā. Pati sirds garīgiem ļaudīm ir patiesības izmainīta, tādēļ viņi dzīvo pēc Dieva Vārda. Viss, ko viņi dara ir saskaņā ar patiesību. Viņi skaidri dzird Svētā Gara balsi un paklausa Viņam. Un arī, ja viņi lūdzas par to, lai kaut kas notiktu, tad parāda izturību un uzticību līdz pēdējam, kamēr neatnāks atbilde uz lūgšanu.

Kad mēs parādām tādu paklausību visā, Dievs dod mums Savu vadību, gudrību un saprašanu. Ja mēs visu ieliksim Dieva rokās, tad Viņš aizsargās mūs pat tad, kad mēs kļūdoties esam gājuši pa ceļu, kas neatbilst Viņa gribai; un, ja priekš mums bija izrakta bedre, Viņš palīdzēs mums apiet tai apkārt. Viņš izdarīs tā, ka viss vērsīsies mums par labu.

Ceturtkārt, garīgi ļaudis ātri saņem visu, par ko viņi lūdz; viņi var saņemt atbildes, pat vienkārši kaut ko vēloties savā sirdī. Pirmajā Jāņa vēstulē 3:21-22, teikts: „Mīļie, ja jau mūs neapsūdz sirds, tad mums ir paļāvība uz Dievu. Ja mēs ko lūdzam, tad saņemam no viņa, jo mēs turam viņa baušļus un darām to, kas viņam tīkams." Lūk kādas svētības nāk pār viņiem!

Pat tie, kam nav nekādu speciālu iemaņu un zināšanu, var

pārpilnībā saņemt ne tikai garīgas svētības, bet arī materiālās, ja viņi ieies garā, jo Dievs visu priekš viņiem ir sagatavojis un dāvā viņiem Savu Vadību.

Kad mēs sējam un lūdzam ar ticību, tad mēs saņemam svētības ar pilnu, saspaidītu, sakratītu, pāri plūstošu mēru (Lūkas 6:38), bet, kad mēs ieejam garā tad saņemam 30 reizes vairāk, bet ieejot gara pilnībā 60 vai 100 reizes vairāk par to ko mēs iesējam. Ļaudis, kas iegājuši garā un gara pilnībā var saņemt visu, ko vien vēlētos savā sirdī.

Nav vārdu, lai aprakstītu tās svētības, kuras tiek dāvātas ļaudīm, kas iegājuši Gara pilnībā. Viņu atrod prieku Dievā, bet Dievs priecājas, skatoties uz viņiem. Un, kā rakstīts Psalmā 37:4: „Priecājies Kungā, un viņš dos, ko tava sirds vēlas." Dievs no Savas puses dos viņiem visu nepieciešamo, vai tā būs nauda, gods, autoritāte vai veselība.

Tādiem ļaudīm nav sajūtas, ka viņiem personīgi kaut kas pietrūkst un viņiem tiešām nav par ko prasīt lūgšanā priekš sevis. Tādēļ viņi vienmēr lūdzas par Debesu Valstību un Viņa taisnību, un tāpat par tām dvēselēm, kuras nezin Dievu. Viņu lūgšanas brīnišķas, viņi izplata jauku smaržu Dieva priekšā, lūdzot par labo, bet ne uz ļaunu, un aizlūdzot par dvēselēm. Tādēļ Dievs ar viņiem ir tik apmierināts.

Kad ieejot gara pilnībā, viņi mīl dvēseles un krāj dedzīgas lūgšanas, tad viņi varēs arī parādīt apbrīnojamu spēku, par ko

Apustuļu darbos 1:8 teikts: „Bet jūs saņemsiet Svētā Gara spēku, kas nāks pār jums, un jūs būsiet mani liecinieki gan Jeruzalemē un visā Jūdejā, gan Samarijā un līdz pasaules galam." Kā jau runāts, gara un gara pilnības ļaudis, mīlot Dievu augstāk par visu un patīkot Dievam, saņem svētības, kas apsolītas Bībelē.

2. Nodaļa
Sākotnējais Dieva plāns

Dievs negribēja, lai Ādams dzīvotu mūžīgi neiepazinis patiesu laimi, prieku, pateicību un mīlestību. Šī iemesla dēļ Dievs iestādīja laba un ļauna atzīšanas koku, lai viņš beigu beigās uz sevis izjustu, kas ir miesa.

1. Kādēļ Dievs neradīja cilvēku par garu.

2. Brīvas gribas un atmiņas svarīgums.

3. Cilvēces radīšanas mērķis.

4. Dievs vēlas tikt pagodināts caur Saviem patiesiem bērniem.

Gara atdzimšana

Cilvēces pilnveidošana – tas ir process, kura gaitā miesīgi ļaudis pārveidojas garīgos ļaudīs. Ja mēs to nesaprotam un vienkārši ejam uz baznīcu, tad labuma no tā nav nekāda. Ir daudzums ļaužu, kuri apmeklē baznīcas, bet viņi tā arī nav piedzimuši no jauna, no Svētā Gara, un tādēļ nav pārliecināti par savu glābšanu. Kristīgās dzīves mērķis – tas nav tikai saņemt glābšanu, bet arī atjaunot Dieva līdzību, dalīties ar Dievu savā mīlestībā un kļūstot par īstiem Viņa bērniem, pagodināt Viņu mūžīgi.

Kāds bija Dieva sākotnējais mērķis, radot dzīvu dvēseli Ādamu un veidojot cilvēci uz šīs zemes? 1. Mozus 2:7-8, teikts: „Un Kungs Dievs izveidoja no zemes pīšļiem cilvēku un iepūta viņa nāsīs dzīvības dvašu, un cilvēks kļuva par dzīvu būtni. Un Kungs Dievs stādīja dārzu austrumos no Ēdenes un ielika tur cilvēku, ko bija izveidojis."

Dievs radīja debesis un zemi galvenokārt ar Savu Vārdu. Taču cilvēku viņš radīja Personīgām rokām. Debesu karapulks un eņģeļi Debesīs visi bija radīti gari. Taču ar cilvēkiem bija citādi, kaut arī bija paredzēts, ka beigu beigās ļaudis arī dzīvos Debesīs. Kāda iemesla dēļ, Dievs uzsāka tik sarežģītu procesu radot cilvēku no zemes pīšļiem? Kādēļ Viņš uzreiz neradīja ļaudis par gariem? Tajā apslēpts Dieva īpašais plāns.

1. Kādēļ Dievs neradīja cilvēku par garu?

Ja Dievs radītu ļaudis ne no zemes pīšļiem, bet radītu tos vienkārši par gariem, tad viņiem nebūtu pieredzes saskarsmē ar miesu. Ja viņi būtu radīti tikai par gariem, viņi vienkārši izpildītu Dieva Vārdu un nekad neēstu augli no laba un ļauna atzīšanas koka. Augsnes īpašības mainās atkarībā no tā, kas viņai pievienots. Tieši tajā, ka Ādams bija radīts no zemes pīšļiem arī slēpjas iemesls tam, ka viņi tomēr sagrēkoja, lai arī atradās garīgā telpā. Bet tas nenozīmē, ka Ādams izdarīja grēku pašā sākumā.

Ēdenes dārzs – tā ir garīga telpa, kas piepildīta ar Dieva enerģiju, tādēļ sātans nevarēja iesēt nekādas miesīgas īpašības Ādama sirdī. Bet tā kā Dievs deva Ādamam brīvu gribu, viņš varēja pieņemt miesu, ja to pats gribētu un izvēlētos. Lai arī viņš bija dzīvs gars, miesa varēja iekļūt viņā tikai ar noteikumu, ka viņš pats brīvprātīgi pieņem to. Paejot ilgam laikam, viņš atvēra savu sirdi kārdinājumam, kuram viņu pakļāva sātans, un pieņēma sevī miesu.

Īstenībā Dievs deva ļaudīm brīvu gribu, lai izveidotu cilvēci.

Ja Dievs nebūtu Ādamam devis brīvu gribu, Ādams neiepazītu neko miesīgu. Tad cilvēces audzēšana tā arī nebūtu notikusi. Pēc Dieva gribas cilvēces audzēšanai vajadzēja notikt, un Dievs neradīja Ādamu par garīgu būtni pēc Sava plāna.

2. Brīvas gribas un atmiņas svarīgums.

1. Mozus grām. 2:17, rakstīts: „bet no laba un ļauna atzīšanas koka neēd! – Jo tai dienā, kad tu no tā ēdīsi, tu mirtin mirsi!" Kā jau bija teikts tajā, ka Ādams bija radīts no zemes pīšļiem un viņam bija brīva griba, ietverts dziļš Dieva nodoms. Ļaudis var kļūt patiesi Dieva bērni tikai izejot caur cilvēces audzēšanas procesu.

Viens no Ādama grēkā krišanas iemesliem ir viņam dotā izvēles iespēja, cits iemesls ir tajā, ka viņš neglabāja Dieva Vārdu savā atmiņā. Lai Dieva Vārds neaizmirstos tam jāiespiežas sirdī, un tas jāpielieto bez jebkādām izmaiņām.

Daži ļaudis atkārto vienas un tās pašas kļūdas, taču citiem nav raksturīgi kļūdīties divreiz. Tas atkarīgs no tā, vai cilvēks atmiņā glabā Dieva Vārdu vai nē. Grēks iekļuva Ādama dzīvē, jo viņš nezināja, cik svarīgi ir atcerēties Dieva Vārdu. Un starp citu, glabājot atmiņā Dieva Vārdu un paklausot tam, mēs varam atjaunot savu garīgo stāvokli. Lūk, kādēļ tik svarīgi paturēt Dieva Vārdu savā prātā.

Ja ļaudis, kuru gars miris pirmdzimtā grēka dēļ, pieņem Jēzu Kristu un saņem Svēto Garu, tad viņu gars atdzimst. No šī momenta viņu gars atdzims no Svētā Gara tādā mērā, kā viņi iepazīs Dieva Vārdu, to atcerēsies un pielietos savā praktiskajā dzīvē. Tad viņi varēs ātri sasniegt garīgo izaugsmi. Svarīgu lomu mūsu gara atdzimšanā spēlē fakts, ka mēs nemainīgi glabājam sevī Dieva Vārdu un pielietojam to praksē.

3. Cilvēces radīšanas mērķis.

Debesīs ir liels daudzums garīgo būtņu, tādu, kā eņģeļi, kuri paklausa Dievam visu laiku. Bet ar dažu īpašu gadījumu izņēmumiem, viņos nav tās īpašības, kuras ir cilvēkos. Viņi nevar izdarīt izvēli un pēc savas paša gribas iemīlēt kādu. Lūk, kādēļ Dievs arī radīja pirmo cilvēku Ādamu, par tādu būtni, ar kuru Viņš varētu dalīties Savā patiesajā mīlestībā.

Tikai uz mirkli iedomājaties, cik laimīgs bija Dievs tajā laikā, kad viņš radīja pirmo cilvēku. Veidojot lūpas, Dievs gribēja, lai Ādams pagodinātu Viņu; veidojot ausis, Dievs vēlējās, lai viņš klausītos Dieva balsi un paklausītu viņam, bet veidojot acis Viņš vēlējās, lai Ādams ieraugot un sajūtot radītās pasaules skaistumu, dotu Dievam godu.

Dievs radīja cilvēku priekš tā, lai ļaudis pagodinātu Viņu, un Viņš varētu dalīties ar viņiem Savā mīlestībā. Viņš gribēja iegūt bērnus ar kuriem Viņš varētu dalīties visa Visuma un Debesu skaistumā. Viņš gribēja kopā ar viņiem baudīt mūžīgu laimi.

Atklāsmes grāmatā mēs lasām par izglābtajiem Dieva bērniem, kuri mūžīgi slavē un pielūdz Dievu Viņa Troņa priekšā. Sasniedzot Debesis, viņi būs tik laimīgi, ka sāks tikai slavēt un pielūgt Dievu no visas sirds, godinot Viņu par neaptveramo Viņa nodomu dziļumu.

Cilvēki bija radīti kā dzīvi gari, bet kļuva miesīgi ļaudis. Bet, ja viņi piedzīvojuši prieku, naidu, mīlestību un sāpes atkal kļūst par garīgiem ļaudīm, tad viņi – Dieva bērni, kuri no visas sirds mīl un slavē Dievu un ir Viņam pateicīgi.

Ādamu, dzīvojošu Ēdenes dārzā, nevarēja uzskatīt par patiesu Dieva bērnu. Dievs apmācīja viņu tikai labajam un patiesībai un tādēļ viņš nezināja, kas tas ir grēks un ļaunums. Viņš nevarēja iedomāties, kas tas tāds nelaime un sāpes. Ēdenes dārzs – tā ir garīga telpa, un tajā nav ne iznīcības, ne nāves.

Šī iemesla dēļ Ādams nezināja, ko nozīmē nāve. Lai arī viņš dzīvoja pārpilnībā un bagātībā, viņš nevarēja izjust patiesu laimi, prieku vai pateicību. Jo viņš nekad nebija izjutis bēdas un nelaimes, viņš nevarēja salīdzināt un saprast, kas ir patiesa laime un prieks. Viņš nezināja, kas tas tāds ienaids, un viņam nezināma bija patiesa mīlestība. Dievs negribēja, lai Ādams dzīvotu mūžīgi nezinot par patiesu laimi, prieku, pateicību un mīlestību. Un tad

Viņš novietoja laba un ļauna atzīšanas koku Ēdenes dārzā, tāpēc Ādams rezultātā iepazina miesu.

Kad piedzīvojuši miesīgo pasauli, ļaudis no jauna kļūst par Dieva bērniem, viņiem visā skaidrībā kļūst acīmredzams, cik brīnišķīgs ir gars un, cik svētīga ir patiesība. Tad viņi dod Dievam patiesu pateicību par mūžīgās dzīvības dāvanu. Kā tikai mēs sapratīsim Dieva sirdi, mēs neuzdosim jautājumus: kādēļ Dievs iestādīja ļauna un laba atzīšanas koku, kura dēļ ļaudis tā cieš? Tā vietā mēs dosim Dievam slavu un pateicību par to, ka Viņš deva mums Savu Vienīgo Dēlu Jēzu, lai glābtu cilvēci.

4. Dievs vēlas būt pagodināts caur Saviem patiesajiem bērniem.

Dievs veido cilvēci ne tikai priekš tā, lai iegūtu patiesus bērnus, bet tāpat arī, lai caur viņiem tiktu pagodināts. Jesajas grāmatā 43:7, teikts: „visus, kas saukti manā vārdā, ko es esmu radījis savam godam, veidojis un pats taisījis." Bet Pirmajā vēst. Korintiešiem 10:31, teikts: „Tādēļ, vai ēdat vai dzerat, vai ko citu darāt, visu dariet Kungam par godu."

Dievs – Mīlestības un Taisnības Dievs. Viņš ne tikai vienkārši sagatavojis priekš mums Debesis un mūžīgo dzīvi, Viņš tāpat atdevis Savu Vienīgo un Viendzimušo Dēlu, lai glābtu mūs. Dievs vienīgais ir visas slavas un goda cienīgs. Bet Dievs ne tikai grib iegūt slavu. Viņam vajadzīga slava galvenokārt priekš tā, lai pagodinātu tos, kas pagodinājuši Viņu. Jāņa Evaņģēlijā 13:32, teikts: „Dievs arī pagodinās viņu sevī un pagodinās viņu tūlīt."

Kad Dievs saņem slavu caur mums, viņš dod mums neizsmeļamas svētības uz šīs zemes, un Viņš dos mums tāpat mūžīgu godu Debesīs. Pirmajā vēstulē Korintiešiem 15:42, teikts: „Citāds spožums ir saulei, un citāds – mēnesim, un citāds spožums ir zvaigznēm, jo zvaigzne no zvaigznes atšķiras pēc spožuma."

Šis pants stāsta mums par dažādām mājvietām un katra godu, kas būs izglābts un ieies Debesu Valstībā. Debesu mājokļi un gods būs atkarīgs no tā, par cik mēs esam novērsušies no grēkiem, vai esam ieguvuši tīru un svētu sirdi un, cik uzticīgi mēs esam kalpojuši Dieva Valstībai. Šajā gadījumā pieņemtais spriedums nevarēs tikt mainīts.

Dievs radīja cilvēkus, lai iegūtu patiesus garīgus bērnus. Sākotnējais Dieva plāns bija tajā, lai ļaudis pēc savas brīvas gribas atbrīvotos no miesas un dvēseles, kas sadarbojas ar nepatiesību, un izmainītos, ieejot garā un gara pilnībā. Sākotnējais Dieva nodoms, saistīts ar cilvēces radīšanu un pilnveidošanu būs īstenots caur ļaudīm, kuri kļuvuši gara vai gara pilnības ļaudis.

Kā jūs uzskatāt: vai šodien daudz ļaužu dzīvo dzīvi, kas ir tā mērķa cienīga, kuru uzstādījis Dievs, radot cilvēci? Ja mēs patiesi saprotam Dieva mērķi radot cilvēci, tad mēs nekavējoši atjaunosim sevī Dieva līdzību, ko zaudējām Ādama grēka dēļ. Mēs visu klausīsimies, redzēsim un runāsim tikai patiesībā, un visas mūsu domas un darbi būs svēti un pilnīgi. Tā var kļūt par patiesu Dieva bērnu, pienesot Dievam prieku, vēl lielāku, nekā to, ko Dievs izjuta pēc pirmā cilvēka Ādama radīšanas. Tādi patiesi Dieva bērni arī baudīs Debesu godu, kas nav salīdzināms ar to godu, kas bija Ādamam Ēdenes dārzā.

3. Nodaļa
Patiesais cilvēks

Dievs radīja cilvēkus pēc Savas līdzības. Dievs patiesi vēlas, lai mēs atjaunotu zaudēto Dieva līdzību, un kļūtu Viņa Dievišķās būtības līdzdalībnieki.

1. Cilvēka galvenais pienākums.

2. Dievs bija ar Enohu.

3. Dieva Draugs – Ābrahāms.

4. Mozus mīlēja savu tautu vairāk par paša dzīvību.

5. Apustulis Pāvils bija kā Dievs.

6. Viņš nosauca viņus par dieviem.

Gara atdzimšana

Ja mēs pildām Dieva Vārdu, tad mēs varam atjaunot gara sirdi, kura būs tāpat piepildīta ar patiesību, kā Ādamam līdz grēkā krišanai, kad viņš bija dzīvs gars. Cilvēka pamatpienākums – atjaunot Dieva veidolu, kas bija zaudēts Ādama grēka dēļ un kļūt Dievišķās esības līdzdalībniekam. No Bībeles mēs zinām, ka ļaudis tos, kuri iepazina Dieva Vārdu un izpildīja to, kuri atklāja Dievišķos noslēpumus un parādīja Dieva spēku, lai parādītu Dzīvo Dievu, uzskatīja par tik gudriem, ka pat karaļi klanījās viņu priekšā. Bet viss tādēļ, ka viņi bija patiesi Visaugstākā Dieva bērni (Psalms 81:6).

Kādreiz Bābeles ķēniņš Nebukadnecars redzēja sapni, kurš izbiedēja viņu. Viņš atsauca pareģus un zintniekus, lai tie iztulkotu viņam sapņa nozīmi. Bet tas nebija cilvēka spēkos, to varēja izdarīt tikai Dievs, Kurš nav ierobežots cilvēciskā ķermenī.

Un lūk, Daniels, kurš bija Dieva cilvēks, atnāca pie ķēniņa un izstāstīja viņam sapni. Dievs atklāja Danielam noslēpumu nakts redzējumos. Daniels nostājās ķēniņa priekšā, izstāstīja viņam sapni un izskaidroja to. Tad ķēniņš Nebukadnecars „nokrita uz sava vaiga un zemojās Danielam, un pavēlēja atnest viņam dāvanas un kvēpināmās zāles," un tāpat deva godu Dievam.

1. Cilvēka pamata pienākums.

Ķēniņš Salamans, kā neviens cits bija apveltīts ar varu un bagātību. Apvienotās ķēniņvalsts spēks, viņa tēva Dāvida nostiprināts, aizvien vairāk pieauga, un daudzas kaimiņu valstis maksāja viņam nodevas. Viņa valdīšanas laikā valsts bija savas slavas virsotnē (1. Ķēniņu 10).

Bet laiks gāja un viņš aizmirsa par Dieva labvēlību. Viņš domāja, ka visu bija izdarījis tikai ar saviem spēkiem. Viņš nevērīgi izturējās pret Dieva Vārdu un pārkāpa Dieva pavēles, kas aizliedza laulības ar pagāniem. Pēdējās viņa dzīves dienās daudzas pagānieties kļuva par viņa sievām. Bez tam, viņš cēla pagānu elku ziedokļus, tā kā to vēlējās viņa sievas, un arī pats sāka zemoties elkiem.

Dievs divreiz brīdināja viņu nezemoties svešiem dieviem, bet Salamans nepaklausīja. Beigu beigās Dieva dusmas izlējās pār nākošo paaudzi un Izraēls sadalījās divās valstīs. Ķēniņš Salamans varēja visu sev atļauties, bet savu dienu beigās viņš atzina: „Niecību niecība – viss ir niecība!" (Sal. māc. 1:2).

Viņš saprata, ka visas šīs zemes bagātības nav neko vērtas un nāca pie secinājuma: „Saņemot kopā visu dzirdēto: bīsties Dieva un ievēro viņa baušļus, jo tas ir viss, kas cilvēkam jādara!" (Sal.

māc. 12:13). Un viņš teica, ka galvenais cilvēkam – tas ir bīties Dievu un pildīt Viņa baušļus.

Ko tas nozīmē? Bīties Dievu – nozīmē neieredzēt ļaunu (Sakāmvārdi 8:13). Tie, kas mīl Dievu, novēršas no ļauna, pilda Viņa baušļus un tādā veidā pilda savu galveno pienākumu. Mūs var nosaukt par mērķi sasniegušiem, kad mēs pilnībā esam izveidojuši sevī Kunga sirdi, lai atjaunotu sevī Dieva veidolu. Nu ko, tagad pievērsīsimies dažiem piemēriem no patriarhu un patiesas ticības cilvēku dzīves, kuri bija Dievam tīkami.

2. Dievs bija ar Enohu.

Dievs bija ar Enohu trīssimts gadus, bet pēc tam paņēma viņu dzīvu uz Debesīm. Grēka alga ir nāve, un tas fakts, ka Enohs bija paņemts uz Debesīm neredzējis nāvi pierāda, ka Dievs atzina viņu par bezgrēcīgu. Viņš darīja savu sirdi tīru un bez vainas, līdzīgu Dieva sirdij. Lūk, kādēļ sātanam nebija par ko apsūdzēt Enohu, kad viņš bija paņemts dzīvs.

1. Mozus grām. 5:21-24, rakstīts sekojošais:
„Un Enoham bija sešdesmit pieci gadi, kad viņš dzemdināja Metuzālu. Un Enoks vadīja savas gaitas ar Dievu un pēc Metuzāla dzemdināšanas dzīvoja vēl trīs simti gadus un dzemdināja dēlus un meitas. Un viss Enoha mūžs bija trīs simti sešdesmit pieci gadi. Un Enohs vadīja savas gaitas ar Dievu, tad viņa vairs nebija, jo Dievs ņēma viņu pie Sevis!"

„Vadīt savas gaitas ar Dievu" nozīmē, ka šis cilvēks atrodas Dieva klātbūtnē visu laiku. Enohs dzīvoja pēc Dieva gribas visus trīssimts gadus. Dievs bija ar viņu, lai kur arī viņš ietu.

Dievs ir Gaisma, Labums un pati Mīlestība. Lai staigātu tāda Dieva priekšā, mums nedrīkst būt nekādas tumsas sirdī, mums jāpiepildās ar labestību un mīlestību. Enohs dzīvoja grēcīgā pasaulē, bet glabāja sevi tīru. Viņš tāpat darīja zināmu pasaulei Dieva vēstījumu. Jūdas vēstulē 1:14, teikts: „Bet šiem arī Enohs, septītais pēc Ādama ir sludinājis, sacīdams: redzi, Tas Kungs nāk ar daudz tūkstošiem Savu svēto." Tas ir uzrakstīts, ka viņš deva iespēju ļaudīm uzzināt par Otro Kunga Atnākšanu un Tiesas Dienu.

Bībelē nekas nav teikts ne par lieliem Enoha sasniegumiem, ne ka viņš darīja kaut ko izcilu priekš Dieva. Bet Dievs ļoti mīlēja Enohu, tādēļ ka viņš godāja Dievu un dzīvoja svētu dzīvi, vairoties no jebkāda grēka. Lūk, kādēļ Dievs paņēma viņu „jaunu." Ļaudis tajā laikā dzīvoja vairāk kā 900 gadu, bet viņam bija tikai 365, kad viņš bija paņemts. Viņš vēl bija jauns un spēcīgs cilvēks.

Vēstulē Ebrejiem 11:5, teikts: „Ticībā Enohs tika aizrauts, tā ka viņš neredzēja nāvi, un viņu neatrada, tāpēc ka Dievs viņu bija aizrāvis. Jo pirms aizraušanas par viņu ir nodota liecība, ka viņš Dievam ir paticis."

Un šodien Dievs vēlas, lai mēs dzīvotu svētu un dievbijīgu

dzīvi un būtu ar brīnišķīgām sirdīm, pasaules neapgānīti, lai Viņš varētu būt ar mums jebkurā laikā.

2. Dieva draugs – Ābrahāms.

Dievs vēlējās, lai caur Ābrahāmu, „ticības tēvu," cilvēce iepazītu, ko nozīmē būt patiesam Dieva bērnam. Ābrahāms kļuva par svētību avotu un Dieva draugu. Draugs – tas ir tas, kam jūs varat uzticēties un ar kuru jūs varat dalīties apslēptākos noslēpumos. Protams, ka Ābrahāms izgāja attīrīšanās laiku, pirms sāka pilnīgi uzticēties Dievam. Kā tad Ābrahāms panāca tādu atzinību – kļūt par Dieva draugu?

Ābrahāms paklausīja tikai ar vārdiem „jā" un „āmen." Kad Dievs pirmoreiz aicināja viņu pamest savu dzimto zemi, Ābrahāms vienkārši paklausīja, pat nesaprotot, uz kurieni iet. Bez tā vēl Ābrahāms gādāja par citu ļaužu interesēm un tiecās uz mieru. Viņš dzīvoja ar savu brāļadēlu Latu un, kad viņiem vajadzēja šķirties, tad viņš deva savam brāļadēlam tiesības izvēlēties pirmajam sev zemi. Tās bija viņa, tēvoča tiesības, bet viņš viņam piekāpās.

1. Mozus 13:9, Ābrahāms saka: „Vai visa zeme nav tavā priekšā? Labāk šķiries no manis; ja tu gribi iet pa kreisi, es iešu pa labi; bet ja tu gribi iet pa labi, es iešu pa kreisi."

Tā kā Ābrahāmam bija brīnišķa sirds, Dievs vēl reizi deva

viņam apsolījumu svētīt viņu. 1. Mozus 13:15-16, Dievs apsola: „Jo visas tās zemes, ko Es tev rādu, Es uz mūžīgiem laikiem došu tev un taviem pēcnācējiem. Un es darīšu tavus pēcnācējus itin kā zemes pīšļus; ja kāds var saskaitīt zemes pīšļus, tas arī tavus pēcnācējus varēs saskaitīt."

Kādu reizi vairāki ķēniņi apvienoja savus spēkus, gāja karot pret Sodomu un Gomoru, kur dzīvoja Ābrahāma brāļadēls Lats un sagūstīja ļaudis un kara laupījumu. Ābrahāms apbruņoja savus kalpus, kas dzimuši viņa mājās, pavisam trīssimti astoņpadsmit cilvēku un sekoja ienaidniekiem līdz Danai. Viņš atgrieza atpakaļ visu nolaupīto un tāpat savu radinieku Latu, un visu, kas viņam piederēja, un tāpat sievietes un visus ļaudis.

Kad Sodomas ķēniņš, kā pateicību Ābrahāmam piedāvāja mantas, kā kara trofeju, Ābrahāms atbildēja: „...nevienu pavedienu, nevienu kurpju siksnu, nedz citu ko es neaiztikšu no tā, kas tev pieder, lai tu neteiktu: Es esmu Ābramu darījis bagātu..." (1. Mozus 14:23). Pieņemt dāvanas no ķēniņa – tas nav grēks, bet viņš noraidīja ķēniņa priekšlikumu, lai pierādītu, ka visa viņa materiālā labklājība nāk tikai no Dieva. Viņš tiecās pagodināt tikai Dievu ar tīru sirdi, bez egoisma, un Dievs bagātīgi svētīja viņu.

Kad Dievs pavēlēja Ābrahāmam atdot savu dēlu Īzaku, kā dedzināmo upuri, viņš nekavējoties paklausīja, jo uzticējās Dievam, Kurš var uzcelt no mirušiem. Un tā rezultātā Dievs darīja viņu par ticības tēvu sakot: „Es tevi svētīdams svētīšu un vairodams vairošu tavus pēcnācējus kā debesu zvaigznes, kā smiltis jūras malā. Un tavos pēcnācējos tiks svētītas visas zemes tautas, tāpēc, ka tu esi paklausījis Manai balsij."

Vēl vairāk, Dievs viņam apsolīja, ka Dieva Dēls, Jēzus cilvēces Glābējs, atnāks uz šo pasauli caur viņa pēcnācējiem.

Jāņa Evaņģēlijā 15:13, teikts: „Nevienam nav lielākas mīlestības kā šī, ja kāds savu dzīvību nodod par saviem draugiem." Ābrahāms bija gatavs ziedot savu vienīgo dēlu Īzaku, kurš viņam bija dārgāks par paša dzīvību, ar to izsakot savu mīlestību pret Dievu. Dievs izvirza Ābrahāmu, kā paraugu kam līdzināties, lai izaudzētu cilvēci, nosaucot viņu par Savu draugu par viņa lielo ticību un mīlestību pret Dievu.

Dievs – Visvarens; Viņš var visu izdarīt un var mums iedot visu. Bet Viņš dod Saviem bērniem svētību un atbildes uz lūgšanām pēc tā mēra, kā viņi mainās patiesībā, cilvēces veidošanas procesā, lai viņi varētu sajust Dieva mīlestību un pateikties par Viņa svētībām.

4. Mozus mīlēja savu tautu vairāk par paša dzīvību.

Kad Mozus bija Ēģiptes princis, viņš nogalināja ēģiptieti, lai palīdzētu savai tautai, un viņam nācās bēgt no faraona pils. Pēc tā viņš nodzīvoja 40 gadus tuksnesī, strādājot par ganu.

Mozus kļuva par parastu avju ganu Midiānas tuksnesī un bija spiests atteikties no sava lepnuma un paštaisnības, kas viņam bija, kā Ēģiptes princim. Dievs parādījās lēnprātīgā Mozus priekšā un deva viņam uzdevumu izvest Izraēla dēlus no Ēģiptes. Mozus riskēja ar savu dzīvību, bet viņš paklausīja un gāja pie faraona.

Ja ņem vērā Izraēla dēlu uzvedību, tad var redzēt, cik plaša bija Mozus sirds, kura aptvēra sevī visus šos ļaudis. Kad ļaudīm radās grūtības, viņi kurnēja pret Mozu un pat mēģināja nomētāt viņu akmeņiem.

Kad viņiem nebija ūdens, viņi žēlojās par slāpēm. Kad viņiem parādījās ūdens, viņi žēlojās par to, ka viņiem nav ēdiens. Kad Dievs deva viņiem mannu no debesīm, viņi bija neapmierināti ar to, ka viņiem nav gaļas. Viņi paziņoja, ka labāk tikuši baroti Ēģiptē, un, ka viņiem apnikusi manna – tā nederīgā barība.

Kad Dievs tā visa rezultātā novērsa no viņiem Savu vaigu, viņus sāka dzelt indīgas čūskas. Bet viņi tik un tā bija glābti, jo Dievs dzirdēja atklāto Mozus lūgšanu. Ļaudis daudzkārt bija liecinieki tam, ka ar Mozu bija Dievs, bet pat neņemot to vērā veidoja sev elku, zelta teļu un pielūdza to, kad Mozus pazuda no viņu redzes loka. Pagānu sievas novirzīja viņus uz laulības pārkāpšanu, kas tāpat bija arī garīga laulības pārkāpšana. Mozus lūdza Dievu ar asarām acīs, aizlūdzot par šiem ļaudīm. Viņš bija gatavs atdot savu dvēseli par to, lai viņa tauta saņemtu piedošanu, kaut viņi arī neatcerējās par savām saņemtajām svētībām.

2. Mozus 32:31-32, mēs lasām: „Un Mozus griezās atpakaļ pie Tā Kunga un sacīja: „Ak šī tauta ir darījusi lielu grēku, tā sev taisījusi dievu no zelta. Bet nu piedod viņiem viņu grēkus; un ja ne, tad izdzēs mani no Savas grāmatas, ko Tu esi rakstījis."

Ja viņa vārds būtu izdzēsts no šīs grāmatas, tad tas nozīmētu, ka viņš zaudētu glābšanu un mūžīgi ciestu elles ugunīs, kas arī ir mūžīgā nāve. Mozum tas bija labi zināms, bet viņš gribēja, lai ļaudīm būtu piedots par viņa pašupurēšanās cenu.

Kā jūs domājat, ko juta Dievs raugoties uz Mozu? Mozus dziļi saprata Dieva sirdi, Kurš neieredzēja grēkus, bet vēlējās izglābt grēciniekus, un Dievs bija apmierināts ar viņu un ļoti mīlēja viņu. Dievs dzirdēja Mozus mīlestības lūgšanu, tādēļ Izraēla dēli varēja izbēgt no bojāejas.

Iedomājieties, ka no vienas puses guļ dimants. Nevainojamas formas un dūres izmērā. Bet no otras puses izmētāti tūkstošiem tāda paša izmēra akmeņu. Kam no visa tā ir lielāka vērtība? Lai arī cik daudz akmeņu nepiedāvātu apmaiņā pret dimantu, neviens nepiekritīs tādai apmaiņai. Pēc šīs analoģijas, viens tāds cilvēks kā Mozus, sasniedzis pilnveidošanas mērķi bija vērtīgāks par miljoniem ļaužu, kuri to nav izdarījuši (2. Mozus 32:10).

4.Mozus 12:3, par Mozu teikts sekojošais: „...bet šis vīrs Mozus, bija ļoti lēnprātīgs, lēnprātīgāks nekā visi citi cilvēki virs zemes"; un tāpat 4. Mozus 12:7, Dievs īpaši izceļ viņu sakot: „Tāds nav Mans kalps Mozus, kas visā Manā namā ir uzticams."

Bībele ne vienu vien reizi saka mums par to, cik stipri Dievs mīlēja Mozu. 2. Mozus 33:11, rakstīts: „Un Tas Kungs runāja ar Mozu vaigu vaigā, kā kāds sarunājas ar savu draugu." Un turpat 2. Mozus grāmatā, 33. nodaļā mēs redzam, kā Mozus paprasīja Dievam parādīt Sevi un Dievs atbildēja viņam.

5. Pāvils bija, vārdu sekot, kā Dievs.

Apustulis Pāvils strādāja priekš Kunga visu savu dzīvi un tomēr bija apbēdināts par savu pagātni, jo tad viņš vajāja Kungu. Tādēļ viņš labprātīgi un ar pateicību pieņēma visus grūtos pārbaudījumus, kas viņu piemeklēja, sakot: „Jo es esmu mazākais apustuļu starpā un neesmu cienīgs, ka mani sauc par apustuli, tādēļ ka es vajāju Dieva draudzi," (1. Vēst. Korintiešiem 15:9).

Viņu lika cietumos, daudzreiz sita, viņš vienu reizi bija gandrīz miris. Piecas reizes viņš no Jūdiem saņēma pa četrdesmit bez viena sitienus; trīs reizes viņu sita ar nūjām; vienreiz viņu nomētāja akmeņiem; trīs reizes viņš cieta kuģu katastrofās; dienu un nakti viņš bija jūras briesmās. Viņš daudz reižu ceļoja pa bīstamām upēm, briesmās no laupītājiem, briesmās no ciltsbrāļiem, briesmās no pagāniem, briesmās pilsētā, briesmās tuksnesī, briesmās uz jūras, briesmās starp viltus brāļiem, darbā un savārgumā, bieži vajāšanās, badā un slāpēs, bieži gavējot, aukstumā un kailumā.

Viņa ciešanas bija tik lielas, ka viņš teica 1. vēstulē

Korintiešiem (4:9): „Man šķiet, ka Dievs nolicis mūs, apustuļus, par pēdējiem, it kā nāvei nolemtus. Jo mēs esam kļuvuši par izsmieklu pasaulei, eņģeļiem un cilvēkiem."

Kādēļ Dievs pieļāva, lai apustulis, kurš bija tik uzticīgs Viņam, izietu caur tādām smagām vajāšanām un grūtībām? Dievs gribēja, lai Pāvils iegūtu sirdi, brīnišķīgu kā tīrs kristāls. Grūtajās situācijās, kad viņš varēja būt arestēts un nogalināts jebkurā brīdī, Pāvilam, izņemot Dievu, vairāk nebija uz ko paļauties. Viņš pilnībā atteicās no sevis un izveidoja sevī Kunga sirdi.

Pāvils izdarīja aizkustinošu atzīšanos, kas parāda, kāds apbrīnojams cilvēks viņš kļuvis, izejot caur šiem pārbaudījumiem. Viņš nepūlējās izvairīties no grūtībām, lai arī izturēt tās cilvēkam bija ļoti grūti. Viņš izrādīja savu mīlestību pret draudzēm un draudzes locekļiem 2. vēst. Korintiešiem 11:28: „Pie tam vēl viss pārējais, ļaužu pieplūdums ik dienas, rūpes par visām draudzēm."

Bez tam, vēstulē Romiešiem 9:3, viņš teica pat par tiem, kas gribēja nogalināt viņu: „Es vēlētos būt nolādēts, atstumts no Kristus, par labu saviem brāļiem, saviem miesīgajiem tautiešiem." Šeit ar „brāļiem" viņš domā Jūdus un farizejus, kuri tik nežēlīgi vajāja un mocīja viņu.

Apustuļi darbos 23:12-13, teikts: „Kad diena bija uzaususi, jūdi sapulcējās un sazvērējās, sacīdami, ka viņi neēdīs un nedzers, iekāms nebūs nonāvējuši Pāvilu. To bija vairāk kā četrdesmit, kas tā bija sazvērējušies."

Personīgi pats Pāvils nekad nedarīja neko tādu, kas izsauktu viņu tādas dusmas. Viņš neapkrāpa viņus un nedarīja neko sliktu viņiem. Bet tikai tāpēc, ka viņš sludināja Evaņģēliju un parādīja Dieva spēku, viņi sazvērējās, ka nogalinās viņu.

Un tomēr, viņš lūdzās par to, lai šie ļaudis būtu izglābti, pat, ja viņam pašam nāksies zaudēt savu glābšanu. Tajā apslēpts iemesls, kāpēc Dievs deva viņam tik lielu spēku; viņš izveidoja sevī tādu labprātību, ka bija spējīgs ziedot savu paša dzīvību par tiem, no kā viņam nācās tā ciest. Dievs darīja ne mazums brīnumus ar Pāvila rokām, pat viņa sviedrautus uzlika uz slimajiem, un viņi kļuva veseli un ļaunie gari izgāja no tiem.

6. Viņš nosauca viņus par dieviem.

Jāņa Evaņģēlijā 10:35, teikts: „Ja raksts tos nosaucis par dieviem, uz kuriem attiecas šie Dieva vārdi; un raksti nevar tikt atcelti." Mācoties Dieva Vārdu un pielietojot to praksē, mēs kļūstam patiesības ļaudis, tas ir garīgi ļaudis. Tā mēs iegūstam līdzību ar Dievu, Kurš ir Gars, lai kļūtu par garīgu cilvēku un ieietu gara pilnībā. Un tad mēs varam rīkoties, kā tie, kas līdzīgi Dievam.

2.Mozus grām. 7:1, teikts: „Tad Tas Kungs sacīja uz Mozu: „Redzi Es tevi esmu licis faraonam par dievu, bet Ārons tavs brālis, būs tavs pravietis." Un vēl 2. Mozus 4:16, teikts: „Lai viņš runā tavā vietā uz tautu; viņš lai kļūst tev par muti, bet tu esi viņam Dieva vietā." No uzrakstītā, var secināt, ka Dievs deva Mozum tik lielu varu, ka Mozus priekš ļaudīm bija kā Dieva.

Apustuļu darbos 14. nodaļā, apustulis Pāvils, Jēzus Kristus vārdā pavēlēja piecelties un iet cilvēkam, kas nekad iepriekš dzīvē nebija staigājis. Ļaudis, redzot kā viņš pielēca kājās un gāja ar izbrīnu teica: „Dievi kļuvuši cilvēkiem līdzīgi un nokāpuši zemē pie mums," (Apustuļu 14:11). Šis piemērs runā par to, ka tie, kas staigā ar Dievu var šķist kā dievi, jo viņi ir gara cilvēki, lai arī atrodas fiziskos ķermeņos.

Lūk, kādēļ 2. Pētera vēst. 1:4, teikts: „Ar to Viņš mums ir dāvinājis ļoti lielus un dārgus apsolījumus, lai jums ar tiem būtu daļa pie dievišķās dabas, kas esat izbēguši no tā posta, kas kārību dēļ ir pasaulē."

Tagad sapratīsim, ka Dievs karsti vēlas, lai ļaudis kļūtu daļa no Viņa Dievišķās būtības, priekš tā mums jāatmet nīcīgā miesa, kuru iepriecina tikai tumsas spēki. Jādod dzīvība garam caur Svēto Garu un īstenībā jākļūst par „Dievišķās būtības līdzdalībniekiem."

Tikko mēs sasniedzam pilna gara līmeni, mūsu gars pilnībā atdzimst. Pilna gara atdzimšana nozīmē, ka mēs esam atjaunojuši sevī Dieva Veidolu, kas zaudēts Ādama grēkā krišanas rezultātā, kas arī nozīmē būt „Dievišķās būtības līdzdalībniekiem."

Sasniedzot šo līmeni, mēs varēsim saņemt spēku, kas pieder Dievam. Dieva bērni, kas kļuvuši līdzīgi Dievam saņem dāvanā spēku, kas ir pie Dieva (Psalms 62:12). Pierādījums tam, ka šī dāvana pieņemta, ir zīmes un brīnumi, ekstraordinālas parādības, apbrīnojamas lietas, kuras parādās Svētā Gara spēkā.

Ja mēs saņemam tamlīdzīgu spēku, tad varēsim izvest daudz ļaužu uz glābšanas ceļa. Pēteris darīja daudz lielus darbus pateicoties Svētā Gara spēkam.

Sludinot viņš vienreiz pieveda pie glābšanas vairāk kā piecus tūkstošus cilvēku. Dieva spēks pierāda, ka tieši ar šo cilvēku ir Dzīvais Dievs. Un tas ir drošs ceļš, lai iesētu ticību ļaudīs.

Ļaudis neticēs, kamēr neieraudzīs zīmes un brīnumus (Jāņa 4:48). Tādēļ Dievs parāda Savu spēku caur pilna gara ļaudīm, kuri pilnībā atdzemdinājuši sevī garu, lai cilvēki varētu sākt ticēt Dzīvajam Dievam, glābējam Jēzum Kristum, Debesu un elles eksistencei un Bībeles patiesumam.

4. Nodaļa
Garīgā pasaule

Bībele bieži stāsta mums par garīgo pasauli un ļaudis ar to saskaras personīgā pieredzē. Garīgā pasaule tāpat gaida mūs, kad beigsies mūsu zemes dzīve.

1. Apustulis Pāvils zināja garīgās telpas noslēpumus.

2. Bezgalīgā garīgā pasaule aprakstīta Bībelē.

3. Debesis un elle viennozīmīgi eksistē.

4. Neizglābto dvēseļu dzīve pēc nāves.

5. Tāpat kā saulei un mēnesim dažāds spožums.

6. Debesis nevar salīdzināt ar Ēdenes dārzu.

7. Jaunā Jeruzaleme – labākā dāvana patiesiem bērniem.

Kad nobeigsies zemes dzīve tiem, kas atdzemdinājuši sevī zaudēto Dieva veidolu, viņi atgriezīsies garīgajā pasaulē. Atšķirībā no fiziskās pasaules, garīgā pasaule – bezgalīga telpa. Mēs nevaram izmērīt tās augstumu, dziļumu vai platumu.

Šī bezgalīgā garīgā telpa ir sadalīta gaismas teritorijā, kura pieder Dievam un tumsas teritorijā, kas atvēlēta ļaunajiem gariem. Gaismas teritorijā atrodas Debesu Valstība, kas sagatavota ticībā glābtajiem Dieva bērniem. Vēstulē Ebrejiem 11:1, teikts: „Jo ticība ir stipra paļaušanās uz to, kas cerams, pārliecība par neredzamām lietām." Citiem vārdiem, šeit pateikts, ka garīgā pasaule – neredzama. Bet tāpat kā ir acīmredzamas liecības par vēja eksistenci šajā fiziskajā pasaulē, tāpat arī ticībā mēs ceram uz to, kas nekādi nevar realizēties fiziskajā pasaulē.

Ticība – tas ir kanāls, kurš savieno mūs ar garīgo pasauli. Priekš mums, dzīvojošiem fiziskajā pasaulē, tā ir iespēja pieskarties garīgajai telpai un atrast Dievu. Pateicoties tam, ka mums atvērtas garīgās ausis, mēs varam dzirdēt un saprast Dieva

Vārdu, un tāpat mēs varam atvērtām garīgām acīm redzēt garīgo pasauli, kuru nevar ieraudzīt fiziskām acīm.

Pēc mūsu ticības izaugsmes mēra, pieaug arī mūsu cerība uz Debesu Valstību, un mēs dziļāk saprotam Dieva sirdi. Kā tikai mēs apzināmies Viņa mīlestību, mēs nevaram nemīlēt Viņu. Un kā tikai mēs iegūsim pilnīgu ticību, mūsu dzīvē notiks tādi garīgi notikumi, kuri nav iespējami fiziskajā pasaulē, jo Dievs būs ar mums.

1. Apustulis Pāvils zināja garīgās telpas noslēpumus.

2. Vēstulē Korintiešiem 12:1 Pāvils izstāstīja par savu pieredzi saskaroties ar garīgo pasauli: „Ir jau jālielās, kaut gan tas neder; es tagad runāšu par Tā Kunga parādībām un atklāsmēm." Viņš runā par to, kā viņš bija parauts līdz Trešajām debesīm un bija Debesu Valstības Paradīzē.

2.vēstulē Korintiešiem 12:6., viņš saka: „Ja es gribētu lielīties, es nebūtu neprātīgs, jo es runātu patiesību; bet es atturos, lai neviens par mani nedomā vairāk, kā to ko tas manī redz, vai ko no manis dzird." Apustulim Pāvilam bija liela garīgā pieredze, un viņš saņēma atklāsmes no Dieva, bet nevarēja runāt par visu, ko zināja par garīgo pasauli.

Jāņa Evaņģēlijā 3:12, Jēzus teica: „Ja jūs neticat, kad Es jums stāstu par zemes lietām, kā jūs ticēsiet, kad Es jums stāstīšu par debesu lietām?" Pat redzot personīgām acīm daudzus varenus Dieva darbus, Jēzus mācekļi nevarēja pilnībā noticēt Jēzum. Pa īstam viņi noticēja tikai kļūstot Kunga Debesīs Uzņemšanas liecinieki. Pēc tā viņi veltīja savu dzīvi Dieva Valstībai un sāka izplatīt Evaņģēliju. Tā arī apustulis Pāvils, iepazinis garīgo pasauli, līdz dzīves galam pildīja savu pienākumu.

Vai mēs varam līdzīgi Pāvilam, sajust un saprast neaptveramo garīgo pasauli? Protams, varam. Pirmkārt, mums jāvēlas iepazīt garīgo pasauli. Tiekšanās uz garīgo pasauli pierāda, ka mēs mīlam Dievu, Kurš ir Gars un atzīstam Viņu.

2. Bezgalīgā garīgā pasaule aprakstīta Bībelē.

Bībelē dots diezgan daudz garīgās pasaules aprakstu un pieredzes saskarsmē ar to. Ādams bija radīts kā dzīva dvēsele, tas ir dzīvs gars un varēja kontaktēties ar Dievu. Un pēc viņa bija daudz praviešu, kuri kontaktējās ar Dievu, bet reizēm tieši dzirdēja Dieva balsi (1. Mozus 5:22; 2. Mozus 20:1-17; 4. Mozus 12:8). Reizēm eņģeļi parādījās cilvēkiem, atnesot viņiem vēstījumu no Dieva. Ir tāpat aprakstītas četras dzīvas būtnes (Praviešā Ecehiēla grām. 1:4-14; ķerubi (2. Samuēla 6:2; Ecehiēla 10:1-6), zirgi un ugunīgi rati (2. Ķēniņu 2:11, 6:17), kuri pieder pie garīgās pasaules.

Sarkanā jūra bija pārdalīta divās daļās, pateicoties Dieva cilvēkam Mozum, ūdens iztecēja no klints, saule un mēness apstājās pēc Jozuas lūgšanas. Elija, lūdzoties Dievu, izsauca uguni no Debesīm. Pēc tam, kad Elija bija piepildījis savus pienākumus uz zemes, viņš bija aizrauts uz Debesīm. Tādi ir piemēri par garīgās pasaules parādīšanos šajā fiziskajā pasaulē.

Pie tā vēl, 6. nodaļā, otrā Ķēniņu grāmatā, kad Sīrijas ķēniņa karaspēks gribēja sagūstīt Elīsu, Elīsas kalps, kuram atvērās garīgās acis, ieraudzīja daudzumu zirgu un ugunīgu ratu, kas bija ap Elīsu, lai viņu aizsargātu. Daniels, nelietīgas galminieku sazvērestības rezultātā, bija iemests bedrē pie lauvām, bet tās nenodarīja viņam nekā slikta, tādēļ ka Dievs sūtīja Savus eņģeļus aizturēt lauvu rīkles. Trīs Daniela draugi, kas nepaklausīja ķēniņu, lai saglabātu savu ticību, un par to bija iemesti uguns ceplī, kas bija sakarsēts septiņreiz karstāks nekā parasti. Bet neviens mats uz viņa galvas nebija apsvilis.

Dieva Dēls, Jēzus, nonāca uz zemes miesā, bet rādīja bezgalīgās garīgās pasaules brīnumus, neesot saistīts ar ierobežotajām fiziskā ķermeņa iespējām. Viņš uzcēla mirušos, dziedināja ļaudis no dažādām slimībām un gāja pa ūdeni. Vēl vairāk, pēc Viņa augšāmcelšanās, Viņš negaidīti parādījās Saviem mācekļiem, kuri bija ceļā uz Emausu (Lūkas 24:13-16); izejot cauri sienai, Viņš parādījās Savu mācekļu mājās, kuri baidoties no Jūdiem, bija ieslēgušies istabā (Jāņa 20:19).

Faktiski tas – teleportācija, fiziskās pasaules šķēršļu pārvarēšana. Tā runā mums par to, ka garīgā pasaule atrodas ārpus laika un telpas ierobežojumiem. Ir garīgā pasaule, kura atšķiras no fiziskās pasaules, kas redzama mūsu acīm. Jēzus pārvietojās garīgajā telpā, lai parādītos tur un tad, kur un kad Viņam gribējās.

Tiem Dieva bērniem, kuri ir Debesu pilsoņi, jāslāpst pēc garīgām zināšanām. Dievs ļauj ļaudīm, kuriem ir šīs slāpes, iepazīt garīgo pasauli personīgā pieredzē, par ko pravieša Jeremijas Grāmatā 29:13 uzrakstīts: „Kad jūs Mani meklēsiet, jūs Mani atradīsiet. Ja jūs no visas sirds Mani meklēsiet."

Mēs varam ieiet Garā, un Dievs atvērs mums mūsu Garīgās acis, ja mēs bez šīm slāpēm vēl arī novērsīsimies no paštaisnības, iedomības un personīgo uzskatu egocentrisma.

Apustulis Jānis bija viens no divpadsmit Jēzus mācekļiem (Atklāsme 1:1,9). 95. mūsu ēras gadā viņš bija Romas Imperatora Demetrija arestēts un iemests katlā ar verdošu eļļu. Bet viņš nenomira un bija izsūtīts uz Patmas salu Egejas jūrā. Tur viņš uzrakstīja Atklāsmes Grāmatu.

Priekš tā, lai Jānim būtu nosūtītas atklāsmes, viņam vajadzēja atbilst noteiktām prasībām. Saskaņā ar šīm prasībām cilvēkā nedrīkst būt nekāda veida ļaunuma, un viņa sirdij jābūt kā Kunga sirdij. Viņš varēja pievilkt no Debesīm dziļus Debesu noslēpumus un atklāsmes pēc Svētā Gara iedvesmas, patiecoties karstām lūgšanām, kuras viņš pienesa ar absolūti tīru un svētu sirdi.

3. Debesis un elle viennozīmīgi eksistē.

Garīgajā pasaulē ir Debesis un elle. Drīzumā pēc tam, kad es atvēru baznīcu „Manmin," es lūdzos, un Dievs parādīja man Debesis un elli. Skaistumu un laimes sajūtu Debesīs nevar izteikt vai aprakstīt vārdiem.

Jaunās Derības laikos tie, kas pieņem Jēzu Kristu, kā savu personīgo Pestītāju, saņem grēku piedošanu un glābšanu. Pēc tam, kad nobeigsies viņu zemes dzīve, viņi vispirms dosies uz Augšējo kapu. Tur viņi uzturēsies trīs dienas, lai adoptētos garīgajā pasaulē, bet pēc dosies uz Paradīzi, Debesu Valstības gaidīšanas vietu. Ticības tēvs Ābrahāms, bija atbildīgais par Augšējo kapu līdz Kunga Augšāmcelšanai, un tādēļ mēs lasām Bībelē, ka nabaga Lācars bija aiznests uz „Ābrama klēpi."

Izlaidis garu pie krusta, Jēzus sludināja Evaņģēliju dvēselēm Augšējā kapā (1. Pētera vēst. 3:19). Pēc Evaņģēlija pasludināšanas

Augšējā kapā, Jēzus augšāmcēlās un paņēma visas dvēseles uz Paradīzi. No tā laika izglābtās dvēseles atrodas pagaidu vietā Debesīs, kas izvietota Paradīzes nomalē. Pēc Tiesas Lielā Baltā Troņa priekšā, viņi saskaņā ar katra ticības mēru, ieies attiecīgā Debesu mājoklī, kur arī dzīvos mūžīgi.

Kad piepildīsies cilvēces audzēšana, Dieva Tiesā, Lielā Baltā Troņa priekšā tiesās katra cilvēka, kas dzimis no radīšanas laika, visus darbus, vai tie būtu labi vai ļauni. Šī tiesa nosaukta par Tiesu Lielā Baltā Troņa priekšā, tādēļ ka Dieva Tronis tik apžilbinoši mirdz, ka šķiet absolūti balts (Atklāsmes 20:11).

Šī lielā tiesa notiks pēc Otrās Kunga Atnākšanas, Kurš atnāks uz zemi padebešos, pēc kā beigsies Tūkstošgadu Valsts. Priekš izglābtajām dvēselēm tiesā tiks noteiktas balvas, bet neizglābtām tiesa piespriedīs sodu.

4. Neizglābto dvēseļu dzīve pēc nāves.

Tie, kas nav pieņēmuši Kungu, un tāpat tie, kas atzina savu ticību Viņam, bet nesaņēma glābšanu, pēc nāves būs divu elles sūtņu paņemti. Viņi trīs dienas atradīsies vietā, kas līdzinās lielai bedrei, lai sagatavotos dzīvei Apakšējā kapā. Viņiem nāksies ciest neizturamas sāpes. Pēc trim dienām viņus pārvietos uz Apakšējo kapu, kur viņi saņems sodu, atbilstošu viņu grēkiem. Apakšējais kaps, kurš ir elles daļa, tikpat liels kā Debesis un tur ir daudz dažādu vietu, lai uzņemtu neizglābtās dvēseles.

Līdz Tiesai Lielā Baltā Troņa priekšā dvēseles atrodas Apakšējā kapā, kur izcieš dažādus sodus. Piemēram, tos var grauzt kukaiņi vai dzīvnieki, vai tos var mocīt elles sūtņi. Pēc Tiesas Lielā Baltā Troņa priekšā, viņi būs iemesti, degošā uguns vai sēra jūrā, kur cietīs mūžīgi (Atklāsmes 21:8).

Sods degošā uguns vai sēra jūrā, nesalīdzināmi sāpīgāks, nekā sods Apakšējā kapā. Elles uguns ir neiedomājami karsta. Sēra jūra ir septiņas reizes karstāka par uguns jūru. Tā ir priekš tiem ļaudīm, kuri darījuši nepiedodamus grēkus kādi skaitās, piemēram, zaimi un pretošanās pret Svēto Garu.

Dievs kādreiz parādīja man uguns un degoša sēra jūras. Šī bezgalīgā telpa piepildīta ar kaut ko, it kā tvaiku, kas nāk it kā no degošiem avotiem, un ļaudis tajos nav skaidri saredzami. Daži no viņiem redzami līdz vidum, citi iegremdēti jūrā līdz kaklam. Ugunīgajā jūrā dvēseles kliedz un lokās aiz sāpēm, bet sēra jūrā sāpes tik stipras, ka viņi nespēj pat locīties aiz sāpēm. Mums jātic tam, ka neredzamā pasaule patiesi eksistē un jāsāk dzīvot pēc Dieva Vārda, lai nekavējoši saņemtu glābšanu.

5. Tāpat kā saulei un mēnesim atšķirīgs spožums.

Apustulis Pāvils runājot par mūsu ķermeni pēc mūsu augšāmcelšamās teica: „Citāds spožums ir saulei un citāds mēnesim un citāds zvaigznēm; jo viena zvaigzne ir spožāka par otru" (1. Vēst. Korintiešiem 15:41).

Saules spožums pieder tiem, kas pilnībā attīrījušies no saviem grēkiem, kļuvuši svēti un uzticīgi visā Dieva namā uz šīs zemes. Mēness spožums dots tiem, kas nav sasnieguši saules spožumu. Zvaigžņu spožums dots tiem, kas sasnieguši mazāku godu, nekā mēness spožums. Un bez tam, zvaigznēm tāpat dažāds spožums; gods un balvas visiem būs atšķirīgas, pat ja tā būs viena un tā pati Debesu mājvieta.

Bībele mums saka, ka Debesīs mēs saņemsim dažādu godu. Debesu mājokļi un balvas atšķirsies atkarībā no tā, kādā pakāpē mēs esam atbrīvojušies no grēkiem un ieguvuši garīgu ticību, un par cik mēs esam uzticīgi Dieva Valstībai.

Debesu Valstībā ir daudz mājokļu, kuri tiek doti saskaņā ar katra ticības mēru. Paradīze paredzēta priekš tiem, kuriem ir vismazākais ticības mērs. Pirmā Debesu Valstība uz augstāka līmeņa nekā Paradīze; Otrā Debesu Valstība labāka par Pirmo; bet Trešā Debesu Valstība labāka par Otro. Trešajā Debesu Valstībā atrodas Jaunās Jeruzalemes pilsēta, kurā novietots Dieva

Tronis.

6. Debesis nav salīdzināmas ar Ēdenes dārzu.

Ēdenes dārza skaistumu un mieru nevar salīdzināt ne ar vienu, pat pašu brīnišķīgāko vietu uz šīs zemes, bet tajā pat laikā Ēdenes dārzu nekā nevar salīdzināt ar Debesu Valstību. Laimes sajūta Ēdenes dārzā un Debesu Valstībā pilnīgi dažādas, tādēļ ka Ēdenes dārzs atrodas Otrajās Debesīs, bet Debesu Valstība – Trešajās Debesīs. Iemesls tajā, ka dzīvojošie Ēdenes dārzā nav patiesi Dieva bērni, kas izgājuši caur cilvēces audzēšanas procesu.

Pieņemsim, ja zemes dzīve – tā ir dzīve tumsā pavisam bez gaismas; tad dzīve Ēdenes dārzā tiek apgaismota ar tādu gaismekli, kā petrolejas lampa; bet Debesīs dzīve līdzinās dzīvei pie spilgta elektriskā apgaismojuma. Līdz tam, kā bija atklāta elektrība, ļaudis izmantoja gaismekļus, kuru gaisma bija pavisam blāva. Bet pat tos neparasti augsti vērtēja. Bet, kad ļaudis pirmoreiz ieraudzīja elektrisko gaismu, viņi bija pārsteigti.

Kā jau bija pateikts, ļaudīm būs atvēlēti dažādi Debesu mājokļi atbilstoši viņu ticības mēram, un tāpat tam mēram, kādā viņi pilnveidojuši savu sirdi garā, savā zemes dzīves laikā. Pie tam katrs Debesu mājoklis būtiski atšķiras viens no otra pēc goda un laimes sajūtas. Ja mēs paceļamies augstāk par vienkāršu svēttapšanas līmeni, parādot uzticību visā Dieva namā un kļūstam par pilna gara cilvēku, tad mēs varēsim ieiet pa Jaunās Jeruzalemes vārtiem, kur atrodas Dieva Tronis.

7. Jaunā Jeruzaleme – labākā dāvana patiesiem bērniem.

Jāņa Evaņģēlijā 14:2, Jēzus teica: „Manā Tēva namā ir daudz mājokļu." Tas nozīmē Debesīs patiešām ir daudzums mājokļu. Ir pilsēta Jaunā Jeruzaleme, kurā novietots Dieva Tronis un ir arī Paradīze, kura paredzēta priekš tiem, kas tik tikko saņēmuši glābšanu.

Pilsēta - Jaunā Jeruzaleme, kura tāpat saukta par „svēto pilsētu," – pati skaistākā vieta no visiem Debesu mājokļiem. Dievs vēlas, lai visi ne tikai saņemtu glābšanu, bet arī ieietu šajā pilsētā (1. Vēst. Timotejam 2:4).

Fermeris nevar izaudzēt tikai izlases kviešus. Tieši tāpat ne katrs, kas iziet caur cilvēces pilnveidošanas procesu, ieies gara pilnībā un kļūs par patiesu Dieva bērnu. Tādēļ priekš tiem, kas pēc savām īpašībām nevarēs ieiet Jaunajā Jeruzalemē, Dievs sagatavojis daudz Debesu mājokļus; tas ir Paradīze, un tāpat Pirmā, Otrā un Trešā Debesu valstības.

Starp Paradīzi un Jauno Jeruzalemi ir apmēram tāda pat atšķirība, kā starp ļoti vecu būdiņu un karalisku pili. Tāpat kā vecāki cenšas dot saviem bērniem tikai pašu labāko, Dievs vēlas, lai mēs kļūtu Viņa patiesi bērni un dalītos ar Viņu visā, kas Viņam ir, Jaunajā Jeruzalemē.

Dieva mīlestība nav ierobežota tikai ar noteiktu cilvēku grupu. Tā dota visiem, kas pieņem Jēzu Kristu. Bet Debesu mājokļi un balvas, un tāpat Dieva mīlestības mērs būs atbilstošs cilvēka svēttapšanas un uzticības mēram.

Tie, kas nav pilnībā novērsušies no savas miesas, un nav patiesi Dieva bērni, iet uz Paradīzi, Pirmo vai Otro Debesu valstību. Tieši tāpat, kā mazi bērni nevar līdz galam saprast savus vecākus, viņi ar grūtībām saprot Dieva sirdi. Tas, ka Dievs sagatavojis dažādus mājokļus, kuri atbilst katra ticības mēram ir Dieva mīlestības un taisnības izpausme. Un tāpat kā, daudz patīkamāk būt draugu kompānijā, kas pieder pie tām pašām aprindām kā arī mēs, Debesu pilsoņiem daudz komfortablāk un patīkamāk būs būt tādu ļaužu sabiedrībā, kas atbilst tam pašam ticības līmenim.

Pilsēta Jaunā Jeruzaleme tāpat ir liecība tam, ka Dievs pateicoties cilvēces pilnveidošanai, ieguvis pilnīgus augļus. Divpadsmit akmeņi pilsētas pamatos apstiprina, ka to Dieva bērnu sirdis, kas iegājuši Jaunajā Jeruzālemē, brīnišķas, kā šie dārgakmeņi. Pērļu vārti tāpat apstiprina, ka tie bērni, kuri iziet caur šiem vārtiem, izveidojuši pacietību līdzīgi pērles saturošām gliemežnīcām, kuru pacietībai pateicoties rodas pērles.

Izejot cauri pērļu vārtiem, Dieva bērni atceras laiku, kad viņi parādīja pacietību un izturību, lai ieietu Debesīs. Kad viņi iet pa zelta ielām, viņi atceras savu noieto ticības ceļu uz šīs zemes. Katra nama izmērs un noformējums atgādinās par to, cik ļoti viņi mīlējuši un pagodinājuši Dievu ar savu ticību.

Tie, kas ieies Jaunajā Jeruzalemes pilsētā, varēs ieraudzīt Dievu vaigu vaigā, jo viņi darījuši sirdis tīras un brīnišķas, kā dimants, un kļuvuši patiesi Dieva bērni. Viņiem tāpat kalpos daudz eņģeļu, un viņi dzīvos mūžīgā laimē un priekā. Tā ir tik apbrīnojama un svēta vieta, ka tā atrodas aiz cilvēka iztēles robežām.

Kā uz zemes, tā arī Debesīs ir dažādas grāmatas. Ir Dzīvības Grāmata, kurā ierakstīti izglābto vārdi. Ir tāpat arī atmiņu grāmata, kurā ierakstīts tas, kas paliks atmiņā uz visiem laikiem. Tā ir zeltītā krāsā un augstas kvalitātes lieliskiem rakstiem uz vāka, kas runā par grāmatas vērtību. Tajā sīki un detalizēti aprakstīts tas, kas un kā izturējies un pie kādām situācijām un svarīgākās epizodes ierakstītas video.

Piemēram, tajā ir ierakstīts tas, kā Ābrahāms bija gatavs pienest upurim savu dēlu Īzaku, kā Elija izsauca uguni no

Debesīm, kā Daniels bija apsardzībā lauvu bedrē, un, kā trīs Daniela draugi iemesti sakarsētā ceplī, nemaz necieta, ar to pagodinot Dievu. Dievs izvēlēsies speciāli nozīmētu dienu, kad šīs grāmatas daļa būs atvērta un parādīta ļaudīm. Dieva bērni uzklausīs viņu ar prieku un slavēs Dievu ar pateicību.

Un vēl Jaunajā Jeruzalemē pastāvīgi notiks daudzas pieņemšanas un banketi, ieskaitot banketus pie paša Dieva Tēva. Tāpat notiks banketi, kurus rīkos Kungs, Svētais Gars un tāpat pravieši Elija, Enohs, Ābrahāms un Mozus un apustulis Pāvils. Un citi ticīgie varēs tāpat uzaicināt apkārtējos brāļus un māsas uz banketu. Banketi un pieņemšanas – Debesu dzīves prieka kulminācijas. Tā ir vieta, kur varēs baudīt pārpilnību, brīvību, skaistumu un Debesu godu.

Uz šīs zemes ļaudis arī pūlas skaisti apģērbties un baudīt ēdienu un dzērienus lielās pieņemšanās – banketos. Tas pats notiks arī Debesīs. Debesu banketos eņģeļi dzied, dejo un muzicē. Dieva bērni tāpat var dziedāt un dejot mūzikas pavadībā. Visa telpa piepildīta skaistām dejām, dziesmām un laimīgiem smiekliem. Aicinātie var priecīgi būt kopā ar ticības brāļiem, sēžot ap apaļiem galdiem, kuri te un tur izvietoti, un viņi var sasveicināties ar ticības patriarhiem, kurus viņi tā vēlējās ieraudzīt.

Ja ticīgie saņems ielūgumu uz banketu, ko rīko Kungs, tad viņi centīsies izdaiļot sevi, kā pati skaistākā Kunga līgava. Kungs –

mūsu garīgais Līgavainis. Kad Kunga līgavas pieies pie Kunga pils ieejas, viņus pazemīgi sagaidīs divi eņģeļi, kas stāvēs abās vārtu pusēs, kuri mirgo zeltītā gaismā.

Pils sienas izgreznotas dažādiem dārgakmeņiem. Augšējā sienu daļa dekorēta skaistiem ziediem, un šie ziedi izplata maigu smaržu priekš Kunga līgavām, kuras ieradušās šurp. Ieejot pilī, viņi varēs dzirdēt mūzikas skaņas, kuras aizkustinās pašus viņu gara dziļumus. Viņi sajutīs laimi un mieru dzirdot slavēšanas skaņas un pateicību no visas sirds, domājot par to Dieva mīlestību, Kurš atvedis viņus uz šo vietu.

Kamēr viņi eņģeļu pavadībā ies pa zelta ceļu uz galveno ieeju Kunga pilī, viņu sirdis pildīsies trīsām. Tuvojoties galvenajai ēkai, viņi varēs ieraudzīt Kungu, Kurš izies pieņemt viņus. Viņu acis acumirklī piepildīsies ar asarām, bet viņi tūlīt skries pie Kunga, lai pēc iespējas ātrāk satiktos ar Viņu.

Kungs pieņems katru no viņiem ar apskāvienam izplestām rokām, un viņa seja piepildīsies ar mīlestību un līdzjūtību. Viņš satiks viņus, sveicinot vārdiem: „Ienāciet! Manas brīnišķās līgavas! Laipni lūgtas!" Ticīgie, silti Kunga sagaidīti, būs Viņam pateicīgi no visas sirds: „Es esmu tik patiesi pateicīgs Tev, Kungs, par uzaicinājumu!" Un kā tie, kas izjūt cits pret citu savstarpēju mīlestību, viņi ies turoties pie Kunga rokas, apskatot apkārtni un sarunājoties ar Viņu, ko viņi tik stipri vēlējās vēl šīs zemes dzīves laikā.

Dzīve Jaunajā Jeruzalemē kopā ar Trīsvienīgo Dievu piepildīta ar mīlestību, prieku, laimi un līksmību. Mēs varēsim redzēt Kungu vaigu vaigā, būt Viņam blakus un baudīt daudz dažādu lietu kopā ar Viņu! Lūk, tā ir laimīga dzīve! Lai baudītu tādu laimi, mums jākļūst svētiem un jāieiet garā un tālāk – gara pilnībā, lai sāktu līdzināties Kunga sirdij.

Tātad, ņemot to visu vērā, nekavējoties ieiesim gara pilnībā, saņemsim svētības un būsim veseli un sekmīgi, tad labi klāsies mūsu dvēselei, lai beigu beigās pieietu, cik iespējams tuvāk Kunga Tronim slavenajā pilsētā – Jaunajā Jeruzalemē.

Autors:
Dr. Džejs Roks Lī

Dr. Džejs Roks Lī dzimis 1943. gadā Muanas pilsētā, Džoannas provincē, Korejas Republikā. Sākot no divdesmit četru gadu vecuma dr. Lī cieta no dažādām nedziedināmām slimībām un septiņus gadus gaidīja nāvi, bez jebkādas cerības uz izveseļošanos. Bet vienreiz, pavasarī, 1974. gadā, māsa atveda viņu uz baznīcu, kur viņš nokrita uz ceļiem un lūdzās, un Dzīvais Dievs acumirklī dziedināja viņu no visām slimībām.

No tā momenta, kad dr. Lī sastapa Dzīvo Dievu, pateicoties šai brīnumainajai dziedināšanai, viņš patiesi iemīlēja Dievu no visas sirds un bija aicināts 1978. gadā uz kalpošanu Dievam. Viņš centīgi lūdzās, lai skaidri saprastu Dieva gribu, pilnībā to piepildītu un paklausītu katram Dieva Vārdam. 1982. gadā viņš dibināja Centrālo „Manmin" draudzi Seulas pilsētā (Dienvidkoreja), un no tā momenta neskaitāmi Dieva darbi, ieskaitot brīnumainas dziedināšanas un Dieva zīmes, bija parādītas šajā draudzē.

1986. gadā dr. Lī saņēma roku uzlikšanu mācītāja kalpošanai ikgadējā Korejas baznīcas Kristus Asamblejā Singkuolā, bet vēl pēc četriem gadiem, 1990. gadā viņa svētrunas sāka translēt Tālo Austrumu raidkompānijas, Āzijas raidkompānija un Vašingtonas radiostacijas Austrālijā, Filipīnās un daudzās citās valstīs.

Pēc trim gadiem, 1993. gadā žurnāls „Christian World" (ASV) ievietoja Centrālo „Manmin" draudzi piecdesmit labāko pasaules draudžu sarakstā; Kristīgās ticības koledža Floridas štatā (ASV) piešķīra dr. Lī goda doktora pakāpi evaņģelizācijā; bet 1996. gadā Teoloģiskais Kingsvejas seminārs (Aiovas štatā ASV) piešķīra viņam teoloģijas doktora pakāpi.

No 1993. gada dr. Lī, novadot evaņģelizācijas kalpošanas Tanzānijā, Argentīnā, Losandželosā, Baltimorā, Havajās, Ņujorkā (ASV), Ugandā, Japānā, Pakistānā, Kenijā, Filipīnās, Hondurasā, Indijā, Krievijā, Vācijā un Peru, Demokrātiskajā Kongo Republikā, Izraēlā un Igaunijā, kļuva par vienu no pasaules misionāru darbības līderiem.

2002. gadā, par viņa pūlēm novadot daudz iespaidīgus apvienotos kristiešu festivālus, vadošās kristīgās Korejas avīzes nosauca viņu par pasaules mēroga reliģiskās atdzimšanas līderi. Sevišķi Ņujorkas kristiešu festivālā 2006. gadā, kurš tika novadīts Medisona Skvērā un tika translēts uz 220 valstīm, un tāpat Starpkultūru Izraēlas festivālā 2009. gadā, kas notika Starptautiskajā konvenciju centrā Jeruzalemē, viņš droši pasludināja, ka Jēzus Kristus – Mesija un Glābējs. Viņa svētrunas translējās uz 176 valstīm pa satelītkanāliem, ieskaitot GCN TV. 2009. un 2010. gados populārais krievvalodīgais kristiešu portāls In Victory un ziņu aģentūra Christion Telegraph, par viņa spēcīgo telepārraižu kalpošanu un mācītāja kalpošanu aiz robežām, nosauca dr. Lī 10 labāko, pašu iespaidīgāko kristiešu līderu skaitā.

Pēc datiem uz 2012. gada martu Centrālā draudze „Manmin" apvieno vairāk kā 120 000 locekļu. Draudzei ir vairāk kā 10 000 meitas un asociāciju draudzes visā pasaulē, ieskaitot 54 filiāles pašā Korejā. Vēl bez tā, vairāk kā 129 misionāri nosūtīti uz 23 valstīm, ieskaitot ASV, Krieviju, Vāciju, Kanādu, Japānu, Ķīnu, Franciju, Indiju, Keniju un daudzām citām valstīm.

Uz šīs grāmatas publicēšanas momentu dr. Lī uzrakstījis 64. grāmatas, tajā skaitā tādus bestsellerus kā „Atklāsme par mūžīgo dzīvi uz nāves sliekšņa", „Mana dzīve, mana ticība" (I, II), "Vārds par Krustu," „Ticības mērs," „Debesis" (I, II), „Elle" un „Dieva spēks." Šīs grāmatas jau tulkotas 74 pasaules valodās.

Viņa raksti par kristīgās ticības tēmu regulāri tiek publicēti sekojošos periodiskajos izdevumos: The Hankook Ilbo, The Joong Ang Daily, The Dong – A Ilbo, The Munhwa Ilbo, The Seoul Shinmun, The Korea Economic Daily, The Korea Herald, The Shisa News un The Christian Press.

Patreizējā laikā dr. Lī ir vadītājs daudzām misionāru organizācijām un asociācijām. Viņš daļēji ir Apvienotās Jēzus Kristus baznīcas vadītājs, Starptautiskās misionāru organizācijas Manmin prezidents, „Globālā kristīgā tīkla" (GCN), „Vispasaules ārstu – kristiešu tīkla" (WCDN) un Starptautiskā Manmin semināra (MIS) dibinātājs un valdes priekšsēdētājs.

Citas spilgtākās šī autora sarakstītās grāmatas

Debesis I un II

Precīzs apraksts par lieliskajiem apstākļiem, kuros dzīvo Debesu pilsoņi, spilgts apraksts par dažādu Debesu līmeņu valstībām.

Atklāsmes par mūžīgo dzīvi uz nāves sliekšņa

Personīgās dr. Džeja Roka Lī atmiņas – liecības, kurš bija piedzimis no Augšienes un glābts, ejot caur nāves ēnas ieleju, un no tā laika parāda ideālu piemēru tam, kā vajadzētu dzīvot kristietim.

Elle

Nopietns vēstījums cilvēcei no Dieva, Kurš negrib, lai pat viena dvēsele atrastos elles dzelmē! Jūs atklāsiet sev līdz šim nezināmas lietas par nežēlīgo zemāko kapu un elles realitāti.

Mana Dzīve, Mana Ticība I un II

Dzīve, kas uzplauka pateicoties ne ar ko nesalīdzināmai Dieva mīlestībai, drūmu viļņu vidū, zem nastas smaguma un dziļa izmisuma un izplata pašu labāko garīgo aromātu.

Ticības mērs

Kādas mājvietas un kādi vainagi un balvas sagatavotas mums Debesīs? Šī grāmata satur gudrību un pamācības, kas nepieciešamas tam, lai izmērītu savu ticību un izaudzētu to līdz pilnīga brieduma mēram.

www.urimbooks.com

www.ingramcontent.com/pod-product-compliance
Lightning Source LLC
LaVergne TN
LVHW021806060526
838201LV00058B/3259